Camper Guide

Provence & Côte d'Azur

Insider-Tipps

Für deine Wohnmobil-Touren

in Zusammenarbeit mit

PaulCamper

Carina Hofmeister

Inhalt

Das Beste zuerst

Insider-Tipp

i Serviceangaben

P Parkplatz

📷 Fototipp

🐾 Hunde willkommen

😊 kinderfreundlich

✳ schöne Lage

€–€€€ Preiskategorien

Planen – Packen – Losfahren

> Hol dir den Soundtrack zum Urlaub auf **Spotify** unter **MARCO POLO France**

Die besten Touren in der Provence & an der Côte d'Azur

MARCO POLO
Digitale Extras

TOUREN-DOWNLOAD

**Alle Touren aus diesem Band
als gpx-Download
zur einfachen Orientierung**

marcopolo.de/camper-guide/provence_cote-d-azur

Trendziele, Inspiration und aktuelle Infos findest du auf
marcopolo.de

Du findest uns auch auf Instagram und Facebook!

PLAYLIST ZUM ROADTRIP

Den Soundtrack für deinen Urlaub gibt's auf Spotify unter MARCO POLO France

Code mit Spotify-App scannen

Alle Infos zum digitalen Angebot unter
marcopolo.de/app

Best of Campingplätze

UNTER BÄUMEN

Im Schatten der Pinien fühlen sich Bulli, Womo und Co. auf dem Camping Olbia wohl.

1 Für die ganze Familie

Im Feriendorf **Les Tournels** auf der Halbinsel von Saint-Tropez kommen Groß und Klein voll auf ihre Kosten. Professionell ausgebildete Betreuer bespaßen den Nachwuchs im Aqua-fun-Bereich und Miniclub, während die Eltern am Pool entspannen. Auch im Angebot: Fitness, ein Spa-Bereich, Aerobic-Kurse, Sportturniere, Reitausflüge und noch vieles mehr. Langeweile? Fehlanzeige!  ▶ S. 137

2 NATURCAMPING MIT SURF-VIBES

Camping Olbia ist ein Traum für alle Meeresliebhaber, denn der Platz liegt am westlichsten Zipfel der Halbinsel Giens und hat unzählige Buchten und Strände direkt vor der Haustür. Was dich da erwartet? Neben Schnorchel- und Badespaß auch die perfekten Bedingungen zum Kiten und Windsurfen! Also park deinen Camper unter duftenden Pinien und nichts wie rein in die Fluten! ▶ S. 141

3 *Relaxen am Fluss*

Auf dem ruralen **Camping Voconce** schlagen Naturfreundeherzen höher: Erst kannst du dich im kleinen Fluss am Platz abkühlen und hinterher den höchsten Berg der Provence, den Mont Ventoux, erklimmen. Am Abend machst du es dir mit gleichgesinnten Nachbarn an der Bar gemütlich, wo die gechillten Betreiber kalte Drinks servieren. ▶ S. 43

4 *Zwischen Weinbergen und Beach-Feeling*

Noch näher kommst du der berühmten Plage de Pampelonne von Saint-Tropez nicht! Nur ein paar Schritte durch die Weinreben und schon flanierst du über den Strand der Schönen und Reichen. Zurück auf dem **Camping La Vigneraie 1860** wirst du herzlich von den Betreibern begrüßt und kannst es dir im Pinienschatten gemütlich machen. ▶ S. 137

5 **LUXUSCAMPING MIT HAMMERAUSSICHT**

Der superkomfortable Platz **Camping des Sources** verbindet schönstes Luberon-Panorama mit perfektem Urlaubsfeeling. Wenn du gerade nicht unter schattigen Olivenbäumen vor deinem Camper relaxt, kannst du es dir auf der Sonnenliege am Pool gutgehen lassen – inklusive Traumblick auf eins der schönsten Dörfer Frankreichs. Dort kommst du übrigens auch zu Fuß oder mit dem Mountainbike hin, und das hübsche Gordes ist immer einen Ausflug wert! Wenn du zurückkommst, warten kalte Getränke auf der Restaurantterrasse und die familiäre Wohlfühlatmosphäre des Platzes auf dich. ▶ S. 169

Entdecke die Provence & die Côte d'Azur

BILDERBUCH-PROVENCE

Endlose Sonnennlumenfelder findet ihr vor allem im Luberon.

Raus aus dem Alltag, rein ins Savoir-vivre! Wer Entspannung und Genuss sucht, ist in der Provence und an der Côte d'Azur genau richtig! Stell dir vor, du wachst mit dem Rauschen des Meeres auf, schlenderst über einen bunten Bauernmarkt, probierst kleine Leckereien von den Ständen, stromerst durch lebendige Gassen, die Sonne wärmt dein Gesicht, du lässt dich in einem hübschen Café nieder, genießt das knusprigste Croissant, das du je gegessen hast, bevor deine Erkundungstour mit dem Camper entlang des glitzernden Meeres und der niedlichen Dörfer weitergeht, und du denkst: Das ist es, Leben wie Gott in Frankreich!

Wer trifft das Schweinchen?

Allein eine halbe Million Profispieler sind in Frankreichs Pétanque-Clubs eingetragen, die Zahl der Amateure übersteigt jegliches Schätzvermögen. Boule oder, wie es im Süden heißt, „Pétanque" ist Nationalsport Nr. 1. Zumindest für die Herren, die Damen sieht man höchstens bei Familienfeiern die Kugel schleudern, auf den Dorfplätzen eher selten. Im Gegensatz zum Boule sind hier die *pieds tanqués* (daher der Name), also die Füße nebeneinander am Boden, wenn man versucht, mit der schweren Stahlkugel das Setzkügelchen, das „Schweinchen" *(cochonnet)*, zu treffen. Wenn dabei noch die Kugel der gegnerischen Mannschaft mit lautem Klacken weggeräumt wird, heißt es: *carreau!* Und wer gar nicht trifft? Der muss die Figur oder das Gemälde von Fanny (eine Hommage an eine Kellnerin aus Savoyen) in aller Öffentlichkeit symbolisch auf den Hintern küssen!

DIE UHREN DES SÜDENS

Ob nun der kleine Schwatz beim Einkaufen auf dem Markt, ein freundliches „*Ça va?*" zu den Nachbarn oder die heitere Tischrunde mit Freunden beim nachmittäglichen *apéro* – Geselligkeit bestimmt das Leben der Menschen. Im Süden ticken die Uhren im Takt der *convivialité* („vergnügte Geselligkeit"), die auch jedem Urlauber in Fleisch und Blut übergehen sollte.

Maler des Lichts

Matisse in Nizza, Picasso in Antibes, Cézanne in Aix und van Gogh in Arles, Chagall in Nizza, Léger in Biot, Renoir in Cagnes-sur-Mer oder Vasarely in Gordes – die Liste der berühmten Maler, die in Frankreichs Süden gewirkt haben, ist lang. Das Licht, die Landschaft, die Farben … Auch wenn die Meister verschwunden sind, könnt ihr euch an ihre Fersen heften und die Originalschauplätze besuchen: bezaubernd schön.

WIE AUS DEM BILDERBUCH

Ein rauschender, türkisfarbener Fluss zu Füßen eines mächtigen Canyons, rostrote Ockerfelsen, saftiges Grün in der Camargue, ein weißer Riese hoch über der Haute-Provence, lila Lavendelweiten, versteckte Buchten in den Calanques mit azurblauem Wasser, und alles eingetaucht in goldenes Licht – diese Farben- und Landschaftspracht findest du so nur in der Provence und an der Côte d'Azur! Auch wenn du in kaum zwei Stunden von Montélimar ans Meer düsen kannst, nimm dir Zeit für die Weinberge und Olivenhaine des Nordens, die Naturparks und Bergwelten der Hochprovence, die das Wanderherz höherschlagen lassen, und die Dörfchen im Hinterland, die zum Urlaub in Südfrankreich gehören wie das Eiswasser zum Pastis.

853 km
Küstenlinie
[etwa so weit wie von Berlin nach Paris]

2780
Sonnenstunden im Jahr

5 Mio.

Einwohner in der Region Provence-Alpes-Côte d'Azur

Älteste Stadt
Marseille
[600 v. Chr. gegründet]

1,6
IST DIE GEFÜHLTE ANZAHL AN „HANDTASCHENHUNDEN" PRO EINWOHNER IN CANNES

HÖCHSTER BERG
Mont Ventoux
[1909 m]

180 t
ZITRONEN UND ORANGEN WERDEN JEDES JAHR BEI DER FÊTE DU CITRON IN MENTON VERARBEITET

3
Luxuskarossen pro Kopf in Monaco
[gemäß Instagram-Hashtags]

Mistral
bläst im Schnitt 100 Tage im Jahr

QUEL PASTIS!

Was klingt, als ob jemand ein paar Gläser Anisschnaps zu viel hatte, heißt soviel wie „Was für ein Durcheinander!" auf Provenzalisch. Auch sonst hört sich die lokale Sprache ein wenig so an, als seien die Sprechenden betrunken, was mit der Sprachmelodie und der Vokalfärbung zu tun hat. Als Überbleibsel des Mittelalters ist sie meist nur noch auf traditionellen Festen anzutreffen.

Tierische Stars

Alchimiste, Coyote oder Jupiter – bei diesen Namen handelt es sich nicht um Fußballspieler oder Rennpferde, sondern um Stiere. Sie sind die Stars der Arena bei der *course camarguaise*. Vorausgesetzt, sie schlagen sich gut, wenn die *raseteurs* beim unblutigen Stierkampf versuchen, den Tieren kleine Utensilien von den Hörnern abzunehmen. Was für ein Spektakel!

Aufgepasst, hier kommt Daniel!

Wer mit dem Auto nach Südfrankreich fährt, sollte sich dringend aufs Fahren vorbereiten. Besorg dir den Film „Taxi" und schau ihn dir genau an: Er ist der Grund, warum sich jeder Autofahrer mit Nummernschild 13, 84, 83 oder 06 für gewöhnlich für Daniel hält. Dein erstes Treffen mit Daniel sieht wahrscheinlich so aus: Du fährst gemütlich mit dem Camper über eine zweispurige D-Irgendwas-Straße, als er plötzlich um die Kurve schießt – ein auf Speed gebrachter Peugeot mit locker 110 Stundenkilometern, mindestens zur Hälfte auf deiner Seite und mit zwei Reifen in der Luft. Die Daniels Südfrankreichs halten Verkehrsregeln eher für einen Vorschlag, weshalb du als Fahrer manchmal gute Nerven und noch bessere Bremsen brauchst.

NERVENKITZEL OHNE BLUTVERGIESSEN

In der Arena von Arles sind die Stiere die wahren Helden.

Essen & Trinken

GESCHMACKS-EXPLOSIONSGEFAHR

Intensive Gaumenfreuden bietet Frankreichs Süden en masse.

Endlos oft zitiert, endlos oft gehört, aber etwas ist dran: „Leben wie Gott in Frankreich" ist nicht nur ein Spruch, sondern eine Lebenseinstellung – besonders im kulinarisch verwöhnten Süden. Essen und Trinken gehört zur Kultur. Egal ob Bouillabaisse, Ratatouille oder Sisteron-Lamm mit Kräutern der Provence – es wird großer Wert auf lokale Produkte gelegt. Und wenn es nur ein Schuss frisches Olivenöl auf der würzige Tapenade ist, dazu ein Stück knuspriges Baguette und einen guten Rosé – es sind die kleinen Dinge, die mit Freude zelebriert werden und immer wieder bestätigen: Provence und Côte d'Azur sind Genuss pur.

Die Liebe zu gutem Essen

Während in unseren Landen morgens um 8 Uhr die Wurststulle auf dem Teller landet, starten die Südfranzosen leicht in den Tag: Zum *petit déjeuner* gibt's einen Kaffee, eventuell mit Milch in einer Schale *(café au lait),* dazu ein Croissant, Butter und Marmelade. Sehr viel reichhaltiger fällt dagegen das Mittagessen aus, das zwischen 12 und 14 Uhr stattfindet. Und während man hier in die Kantine huscht, passiert jenseits des Rheins etwas anderes: Die Franzosen lieben Menüs, deshalb wird nicht selten zum Mittag ein Drei-Gänge-Menü verspeist. Nachmittags eine kleine Pause im Straßencafé mit einem *café* (Espresso) oder einem *apéritif,* bevor man sich frühestens um 20 Uhr zum *dîner* einfindet. Da lässt man sich gut zwei bis drei Stunden Zeit, um die hiesige Küche so richtig zu genießen.

Spitzengastronomie für Sparfüchse

Wenn jedes Jahr die Auszeichnungen für die besten Restaurants vergeben werden, regnet es nirgends so viele Sterne wie über der Provence und Côte d'Azur. Es gibt Restaurants für jeden Geschmack und Geldbeutel. Faustregel: Mittags isst du günstiger als abends. Das Tagesgericht *(plat du jour)* oder die *formule* (Vorspeise & Hauptgang oder Hauptgang & Dessert) wechseln täglich und sind gute Alternativen für Sparfüchse. Viele feine Adressen locken unter der Woche mit einem günstigen *menu de la semaine.* Übrigens: Gezahlt wird zusammen, denn für den Tisch wird eine gemeinsame Rechnung ausgestellt. Trinkgeld gibt der Provenzale nach Leistung: Guter Service kann sich über 10 Prozent freuen, war der Service nicht gut, geht er leer aus. Da viele Restaurants Ruhetage und saisonal unterschiedliche Öffnungszeiten haben, empfiehlt sich eine Reservierung.

ORIGINAL DEFTIG

Du denkst bei südfranzösischer Küche an *salade niçoise* und leichte Sommergerichte? Nicht nur. Das provenzalischste aller Gerichte ist die deftige *soupe au pistou,* die selbst im Hochsommer mittags serviert wird. Die traditionellen Gerichte sind allgemein eher einfach – Eintopf, Gulasch, Bohnensuppe, dazu ordentlich Fleisch. Vegetarier haben es schwer, denn auch heute findest du in vielen Restaurants nur eine Handvoll Gerichte – entweder mit Fisch oder Fleisch.

Frischer geht's nicht

Solche Vielfalt hast du noch nicht gesehen: Tomaten in allen Farben und Formen, Zucchini in allen Größen, fein arrangiertes Obst – der Wochenmarkt ist das Herzstück jeder Gemeinde, und dort findest du alles, was provenzalische Gärten und Produzenten hergeben.

Vorspeisen

Salade niçoise
Salat mit Thunfisch, Ei und
schwarzen Oliven

Tapenade & Aioli
Olivenpaste und Knoblauch-
creme, dazu Baguette

Planche de charcuteries
Vorspeisenplatte mit Wurst- und
Käsespezialitäten

Hauptgerichte

Bouillabaisse
Fischsuppe mit mindestens vier
Sorten Fisch, Krustentieren und
Kartoffeln, dazu *rouille*, eine
Knoblauchsauce, und Croûtons

Ratatouille
In Olivenöl gedünstete Tomaten,
Auberginen, Paprika und Zuc-
chini

Soupe au pistou
Deftiger Eintopf mit weißen
Bohnen, Speck und Basilikum

Gardianne de taureau
In Rotwein geschmortes Stier-
gulasch aus der Camargue

Snacks

Socca
Kichererbsenpfannkuchen aus
Nizza

Pissaladière
Pizza mit Sardellen und schwarzen Oliven

Desserts

Tarte tropézienne
Mit Vanille- und Baisercreme gefüllte Brioche

Soupe aux pêches
Mit Minze in Roséwein einge-
legte weiße Pfirsiche

Sorbet à la lavande
Mit Lavendelblüten aromatisier-
tes Eis

Getränke

Pastis
Anisschnaps, mit Eis und Wasser
verdünnt

AOC Côtes de Provence
Wein aus der (Ost-)Provence,
vor allem Rosé

FLÜSSIGES GOLD PROBIEREN

Schon mal eine Olivenölverkostung gemacht? Nein? Das solltest du aber! Die Provence und vor allem die Alpilles sind bekannt für ihr hervorragendes Olivenöl. Wie unterschiedlich sanft oder kräftig die Öle schmecken können, kannst du direkt beim Produzenten oder bei einer Ölmühle probieren. Das beste Öl landet dann nicht im Kochtopf, sondern sparsam geträufelt auf einem frischen Salat oder einer sonnenverwöhnten Tomate.

Geschmack for free

Für die aromatische Note in deiner Camperküche musst du nur einen Spaziergang machen: Rosmarin, Thymian, Oregano und Bohnenkraut sind typische Arten der Garrigue (wilde Strauchheide) und wachsen oft einfach am Wegesrand. Diese vier gehören in die berühmte Mischung *herbes de Provence*, wobei es auch Kreationen mit Lavendel oder Salbei gibt.

Zeit für einen Apéro

Einkäufe erledigt, Arbeit getan – und dann? Zeit für einen Apéro! Beim Bummel durch die Dörfer fallen sie dir bestimmt auf: Grüppchen von Einheimischen bei Snacks und Getränken. Der Apéro ist fester Bestandteil des Lebens und kann jederzeit zwischen Frühstück und Abendessen stattfinden. Neben Oliven, Baguette mit *tapenade* (Paste aus Oliven, Anchovis und Kapern) oder *charcuterie*-Platten (traditionell mit Wurstwaren, aber immer öfter auch mit Käse, Gemüse oder auch Obst) gibt es den südfranzösischen Klassiker Pastis – einen Anisschnaps, der mit Eis und Wasser verdünnt getrunken wird – oder natürlich Wein. Apropos: Kenner und Liebhaber kommen in der Provence voll auf ihre Kosten, denn neben weltberühmten Weinen aus Gigondas oder Châteauneuf-du-Pape gibt es die kontrollierte Herkunftsbezeichnung AOP (*appellation d'origine protégée*), unter der in den letzten Jahren immer mehr edle Tropfen produziert wurden.

SCHÖN UND LECKER

Gefüllte Zucchiniblüten sind eine beliebte und super-schmackhafte Vorspeise.

Trend- & Funsport

BERGBEZWINGER

Von den Dentelles de Montmirail überblickt ihr die ganze Haute-Provence.

Kanu, Kajak & SUP

Wann? Mai bis Oktober.

Wo? Wer das sanfte Gleiten über azurblaues Wasser liebt, wird in den Gorges du Verdon, auf dem Lac de Sainte-Croix und in den Calanques von Cassis glücklich. Mittlerweile ist an der ganzen Mittelmeerküste auch Stand-up-Paddling angesagt und möglich.

Wie? An fast jedem Strand gibt es mittlerweile einen SUP-Verleih, in großen Wassersportzentren werden auch Kanus und Kajaks verliehen.

Wandern

Wann? Das ganze Jahr über.

Wo? Wanderfreunde finden in der Provence und an der Côte d'Azur eine Vielfalt an Landschaften, die man auf Schusters Rappen entdecken kann. Klassiker und wahre Wanderparadiese sind der Mont Ventoux, die Dentelles de Montmirail sowie die Bergmassive des Luberon, die Montagne Sainte-Victoire und die Calanques.

Wie? In allen Offices des Tourisme gibt es Wanderkarten und Empfehlungen zu Anbietern von Wandertouren.

Tauchen & Schnorcheln

Wann? Im Sommer zwischen Juni und August.

Wo? Vor allem die Felsküste rund um die Côte Bleue und die Inseln vor Marseille bieten Tauchern optimale Bedingungen. So gut, dass das größte Tauchzentrum Europas *(Centre UCPA)* in der Calanque de Niolon seinen Sitz hat. Wer lieber schnorchelt, findet an der Côte d'Azur einige gute Spots, wie die Unterwasserlehrpfade auf Port Cros und bei der Domaine du Rayol.

Wie? Professionelle Tauchschulen wie *Marseille Côté Mer* geben Anfänger- und Fortgeschrittenenkurse und verleihen Ausrüstungsmaterial. Die Unterwasserlehrpfade können oft selbst erschnorchelt oder mit einer Gruppe entdeckt werden.

Kite- & Windsurfen

Wann? In Südfrankreich kommst du ganzjährig zum Surfvergnügen, wobei die Sommermonate besonders für Anfänger gut geeignet sind, wenn der Wind nicht so stark weht.

Wo? Die besten Kite-Reviere Südfrankreichs findest du an der endlosen Plage d'Almanarre auf der Halbinsel Giens und in der Camargue. Und wenn's doch lieber ein Brett mit Segel sein soll: Auf dem Lac de Sainte-Croix oder in den Gewässern vor Marseille wirst du mit breitem Grinsen über das Wasser sausen.

Wie? Professionelle Kite- und Windsurfschulen wie *Kite Center 83, MF Kite, Mistral Kite Passion* oder *Pacific Palisades* bieten Schnupperkurse für Einsteiger bis hin zu Surfkursen für Fortgeschrittene. Material wird natürlich auch verliehen.

WIND UND WELLEN

Am endlosen Almanarre-Strand lässt es sich prächtig kiten.

Die besten Touren in der Provence & an der Côte d'Azur

TRAUMKULISSE

Auf geht's mit dem Womo durch die atemberaubenden Gorges du Verdon.

Alle Touren im Überblick

Montélimar

1

Von Montélimar nach Orange **A**

Wo der weiße Riese von den Hängen der Haute-Provence nascht
Seite 22

Alès

2

3

France

Sisteron

9

4 ◉ Orange

AVIGNON

5

F **Von Marseille in den Luberon**

Luberon **21**

Päpste, Pferde und ein Hauch vom Wilden Westen
Seite 48

6

MONTPELLIER

7 Arles

Von Avignon in die Camargue **B**

8 ◉ Camargue

AIX-EN-PROVENC

20

MARSEILLE

19

Multikulti-Metropole meets Provinz-Provence
Seite 146

Golfe du Lion

Cassis

18

TOULON

Von Saint-Tropez nach Cassis **E**

17

40 km

VERCELLI

TORINO

Pinerolo

ASTI

Bra

Italia

CUNEO

C Von Sisteron
nach Grasse

Dramatischer Canyon und
betörend duftende Plateaus
Seite 74

Mondäner Chic und farbenfrohe Altstädte
an der französischen Riviera
Seite 100

IMPERIA

Menton

Sanremo

⑪

⑫

Grasse

⑮

⑭

MONACO
Monaco

NICE

Draguignan

Cannes

⑬

D Von Cannes
nach Menton

Saint-Tropez

⑯

Mer

Méditerranée

Nirgendwo glitzert das Meer azurblauer
Seite 124

In Vaison-la-Romaine scheint die
Zeit stehen geblieben zu sein.

Tour A

An den Hängen der Haute-Provence
Von Montélimar nach Orange

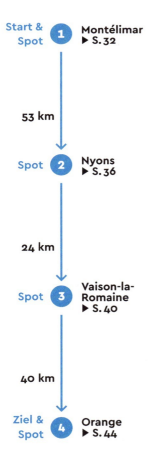

Start & Spot ① **Montélimar** ▶ S. 32

53 km

Spot ② **Nyons** ▶ S. 36

24 km

Spot ③ **Vaison-la-Romaine** ▶ S. 40

40 km

Ziel & Spot ④ **Orange** ▶ S. 44

Achtung, diese Tour ist nichts für Kalorienzähler! Dafür kommen Gourmets und Naschkatzen hier voll auf ihre Kosten: In der Haute-Provence erwarten dich kleine, mittelalterliche Dörfer, endlose Weinberge und der höchste Berg der Provence. Probiere die schwarzen Perlen von Nyons, nasche den weißen Nougat von Montélimar, mach einen provenzalischen Kochkurs und entdecke die exklusiven Weingüter von Château-neuf-du-Pape. Für sportliche Abwechslung sorgen Rad-touren und Wanderungen durch die Region. Auf geht's!

Strecke 117 km

Reine Fahrzeit 2 Std. 15 Min.

Streckenprofil Gut ausge-baute Straßen, zum Teil direkt an der Autobahn (Mautgebühren möglich), südlich von Montélimar deutlich hügeligeres Terrain in der Haute-Provence, jedoch unproblematisch für alle Arten von Campern.

Empfohlene Dauer 6 Tage

Anschlusstour
B

FACTS

Tour 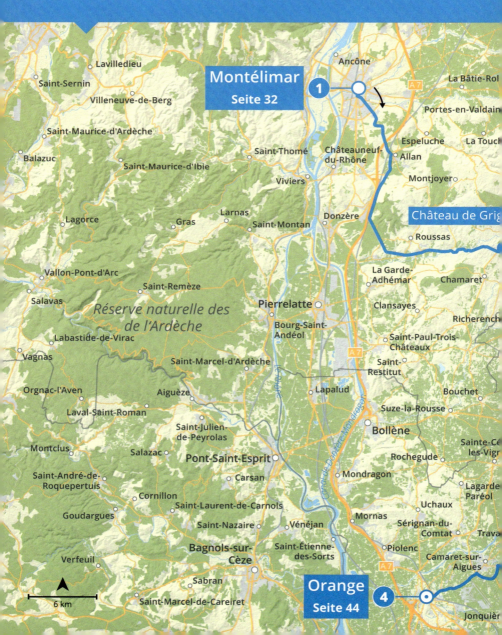 im Überblick

Lavilledieu
Saint-Sernin
Villeneuve-de-Berg
Saint-Maurice-d'Ardèche
Balazuc
Saint-Maurice-d'Ibie
Ancône

Montélimar
Seite 32

La Bâtie-Rol
Portes-en-Valdain

Saint-Thomé
Châteauneuf-du-Rhône
Espeluche
La Touch
Allan
Viviers
Montjoyer

Larnas
Lagorce
Gras
Saint-Montan
Donzère
Château de Grig
Roussas

Vallon-Pont-d'Arc
Saint-Remèze
La Garde-Adhémar
Chamaret

Salavas
Réserve naturelle des de l'Ardèche
Pierrelatte
Clansayes
Richerench

Labastide-de-Virac
Bourg-Saint-Andéol
Saint-Paul-Trois-Châteaux

Vagnas
Saint-Restitut

Orgnac-l'Aven
Saint-Marcel-d'Ardèche
Bouchet

Aiguèze
Lapalud
Suze-la-Rousse

Laval-Saint-Roman
Saint-Julien-de-Peyrolas
Bollène

Montclus
Salazac
Saint-Paul-Trois
Sainte-Cé les-Vigr

Pont-Saint-Esprit
Rochegude
Lagarde Paréol

Saint-André-de-Roquepertuis
Carsan
Mondragon

Cornillon
Uchaux
Goudargues
Saint-Laurent-de-Carnols
Mornas
Sérignan-du-Comtat
Trava

Saint-Nazaire
Vénéjan

Bagnols-sur-Cèze
Saint-Étienne-des-Sorts
Piolenc
Camaret-sur-Aigues

Verfeuil

Sabran
Orange
Seite 44

Saint-Marcel-de-Careiret
Jonquiè

6 km

Tour-Highlights

Morgens am *Campingplatz L'Or Vert* in den Fluss springen ▶ **S. 39**

Vom *Mont Ventoux* über die ganze Provence blicken ▶ **S. 41**

Mit Sabine in *Vaison-la-Romaine* echt provenzalisch kochen lernen und schlemmen ▶ **S. 41**

Mit dem Fahrrad durch die Weinberge von *Châteauneuf-du-Pape* radeln ▶ **S. 45**

Gutichamp

Chastel-Arnaud

La Répara-Auriplès
Saou

Francillon-sur-Roubion

Soyans

La Chaudière

Mornans

Le Poët-Célard

anas

Les Tonils

Truinas

Crupies

Rochebaudin

Eyzahut

Comps

Orcinas

ouspierre

Le Jabron

Dieulefit

Vesc

Montjoux

Roche-Saint-Secret-Béconne

Valouse

lignan

Teyssières

Villeperdrix

Fommerol

Cornillac

Montbrison-sur-Lez

Saint-Ferréol-Trente-Pas

Saint-May

Le Pègue

Condorcet

Sahune

Rémuzat

Rosans

aint-Pantaléon-les-Vignes

Montréal-les-Sources

Verclause

réas

Venterol

Curnier

Pelonne

Lemps

Parc naturel régional des Baronnies provençales

2 **Nyons**
Seite 36

Sainte-Jalle

Bellecombe-Tarendol

Vinsobres

Châteauneuf-de-Bordette

Bésignan

isan

Tourisme et Vins

Vercoiran

Sainte-Euphémie-sur-Ouvèze

Villedieu

Bénivay-Ollon

Montguers

Buisson

Propiac

La Roche-sur-le-Buis

Faucon

Buis-les-Baronnies

Le Poët-en-Percip

Mévouillon

Roaix

Pierrelongue

3

Mollans-sur-Ouvèze

Eygaliers

Plaisians

Aulan

steau

Vaison-la-Romaine
Seite 40

Saint-Léger-du-Ventoux

Brantes

Montbrun-les-Bains

Sablet

Gigondas

Malaucène

Savoillan

lès

Ferrassières

Vacqueyras

Lafare

Le Barroux

Aurel

Bédoin

Caromb

Crillon-le-Brave

Saint-Trinit

Start & Spot

Montélimar
Das Tor zu Frankreichs Süden ▶ S. 32

29 km

Von Montélimar startet diese wahre Gourmet-Tour durch die Haute-Provence. Um die kulinarischen Schätze der Region zu entdecken, verlässt du die Altstadt in Richtung Süden über die Avenue d'Aygu (D540A). Kurz hinter der Brücke über den Roubion biegst du nach links auf die Avenue Saint-Didier (D4), die dich weiter in Richtung Südosten bringt. Auf der Straße, die nach wenigen Metern zur D56 wird, fährst du nun für sieben Kilometer geradeaus und hältst dich danach am Kreisverkehr in Richtung Malataverne (D126). Von dort sind es weitere 22 Kilometer geradeaus, bis du kurz vor **Grignan** nicht auf direktem Weg ins Dorf fährst, sondern rechts die D541 nimmst und dann an der nächsten Kreuzung links in die Allee du 11 Novembre einbiegst.

📷 *Auf dem Weg ins Dorf eröffnet sich während der Lavendelblüte im Juli und August vom Schotterparkplatz zu deiner Rechten ein wunderschöner Blick auf Schloss Grignan mit endlosen Lavendelfeldern davor (GPS: 44.417483, 4.902941).*

Château de Grignan

Hoch über Grignans verschachtelten Gassen thront das herrschaftliche Château, das vor allem als literarische Kultstätte bekannt ist. Im 17. Jh. tauschten sich Madame de Sévigné und ihre Tochter in über 1500 Briefen über den neuesten Klatsch und Tratsch bei Hofe in Paris aus. Doch nicht nur Kulturfreaks haben im Schloss etwas zu gucken, denn die Aussicht vom Kirchdach, das dem Schloss als Panoramaterrasse dient, ist atemberaubend. Wer sich richtig in Schlossstimmung versetzen möchte, kann sich Karten für eine Abendveranstaltung im Schloss reservieren und von dort das Spektakel auf der Bühne und den Sonnenuntergang mit einem Drink im Schlossgarten genießen.

ℹ *Juli/Aug. tgl. 10–18 Uhr, sonst 10–12.30 u. 14–18 Uhr, Nov.–März Di geschl. | 23, rue Montant au Château, Grignan | 8 € | chateaux-la drome.fr*

🅿 *An der Festhalle (Salle des Fêtes) findest du einen großen Parkplatz für Besucher des Dorfes (GPS: 44.419676, 4.904296).*

24 km

Folge zunächst der Allee du 11 Novembre zurück auf die D541 und halte dich hinter dem öffentlichen Schwimmbad rechts weiter auf der Straße. Mit Überquerung der Grenze vom Departement Drôme zum Departement Vaucluse wird die Straße zur D941, und nach knapp drei Kilometern fährst du am Kreisverkehr in Richtung Nyons. Nach etwa zwölf Kilometern und weiteren geradeaus gefahrenen Kreisverkehren wird die Straße zur D538 und führt dich nach sieben Kilometern nach Nyons hinein.

Spot

Nyons
Schwarze Perlen und geheime Schätze ▶ **S. 36**

9 km

Hinter der Brücke über die Eygues geht es nach rechts auf die D538 in Richtung Orange für etwa zwei Kilometer, danach am Kreisverkehr wieder auf die Nordseite des Flusses in Richtung Vinsobres. Auf der anderen Uferseite biegst du am Kreisverkehr nach links und folgst der D94. Nach sechs Kilometern führt dich die Ausfahrt rechts direkt nach Vinsobres.

ECHT DUFTE!

Auf dem Markt von Nyons warten die Schätze der Provence auf dich.

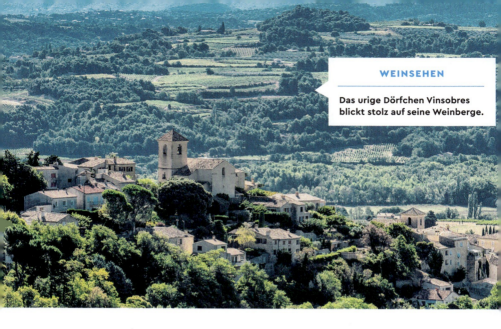

WEINSEHEN

Das urige Dörfchen Vinsobres blickt stolz auf seine Weinberge.

Vinsobres

Dem hübschen Dörfchen, das für seinen Weinanbau bekannt ist, solltest du unbedingt einen kleinen Besuch abstatten. Schon von Weitem kann man auf der Anhöhe den **Tempel** aus dem 12. Jh. sehen, der von seiner Terrasse einen hervorragenden Blick über das Plateau bietet. Lass dich durch die schmalen Gassen treiben, bis du oben am Aussichtspunkt angekommen über die weiten Weinfelder blickst.

P *Achtung, die Altstadt von Vinsobres ist recht eng und gewunden! An der Mairie (Rathaus) gibt es einen überschaubaren Parkplatz (GPS: 44.333027, 5.061474), größere Wohnmobile parken besser am Chemin des Magnanarelles (GPS: 44.331445, 5.061310).*

Insider-Tipp

Kleines Bistro, großer Geschmack

*Auf der Terrasse des **Petit Bistro** in Vinsobres (GPS: 44.333330, 5.060212) gibt's provenzalische Köstlichkeiten und die üppigste Käseplatte weit und breit.*

5 km | Nach einem kleinen Abstecher ins Weindorf nimmst du die Straße zurück nach Süden und an der folgenden Kreuzung die D94 Richtung Vaison-la-Romaine. Nach einem Kilometer kommt ein Kreisverkehr, wo du rechts abbiegst und weiter in Richtung Mirabel-aux-Baronnies fährst, das nach zwei Kilometern erreicht ist.

Tourisme et Vins

Im gemütlichen **Mirabel-aux-Barronies** findest du den hervorragend sortierten Delikatessenladen Tourisme et Vins. Neben Weinen aus mehr als einem Dutzend Weingütern und Kooperativen der Region bekommst du allerhand Leckereien aus der Haute-Provence von Oliven über Tapenade, Honig, Aprikosennektar und mehr.

 April–Sept. Mo–Mi, Fr, Sa 9.30–12.30 u. 15–19 Uhr | Rue du Général de Gaulle, Mirabel-aux-Baronnies

10 km   Von Mirabel-aux-Baronnies fährst du südwärts über die D583 aus der Stadt heraus und folgst der Straße insgesamt für neun Kilometer. Dabei hältst du dich an den drei nachfolgenden Kreisverkehren immer geradeaus Richtung Vaison-la-Romaine, dessen eindrucksvolles Amphitheater sich schon bald zu deiner Linken erheben wird.

Spot **3**   ## Vaison-la-Romaine
Römer, Burgen und der höchste Berg der Provence ▶ **S. 40**

16 km   Nach einem entspannten Aufenthalt in Vaison-la-Romaine startest du die Weiterfahrt auf der Südseite des Städtchens. Über die Avenue Ulysse-Fabre, die in die D977 übergeht, fährst du am Fluss Ouvèze entlang für vier Kilometer in Richtung Westen. Dann am Kreisverkehr die zweite Ausfahrt nehmen und für weitere 3,5 Kilometer auf der D977 bleiben, bis du links auf die D7 in Richtung Sablet abbiegen kannst. Nach weiteren vier Kilometern durch weitläufige Weinberge biegst du erneut links ab (D79) und gelangst in das weinweltbekannte Gigondas.

Gigondas

Weinliebhaber werden den klingenden Namen von Gigondas sicherlich kennen: Der Name des Terroirs steht für feurig-würzige Rotweine, die längst nicht mehr nur als die kleinen Brüder des nahen Châteauneuf-du-Pape gelten. Am besten spazierst du einfach durch das beschauliche Dorf und probierst den einen oder anderen *vin rouge* in den ansässigen Weinboutiquen.

🅿 *Ein paar Schritte außerhalb der Altstadt von Gigondas gibt es hinter dem Restaurant **À l'Ombre des Dentelles** einen kostenlosen Parkplatz, der auch für Wohnmobile und Camper geeignet ist (Rue Raymond V des Baux | GPS: 44.163264, 5.002801).*

Domaine de la Tourade

Back to the Seventies! Neben altehrwürdigen Weingütern findest du in Gigondas auch die hippe Domaine de la Tourade, deren Aushängeschild bunte VW-Bullis und -Käfer sind. Neben allerhand Kult und Rock'n'Roll aus vergangenen Jahrzehnten sind die Weine aus dem Terroir Gigondas der Hit.

ℹ️ *tgl. 9.30–18.30 Uhr | 1215, route de Violès, Gigondas | tourade-gigondas.fr*

Insider-Tipp

Bulli-Liebe im Weinberg

Bei La Tourade kannst du im kultigen VW T1 durch den Weinberg cruisen und dessen Weine verkosten! 25 €, ganzjährig nach Anmeldung: tourade-gigondas.fr

2 km | Über den Chemin de la Limade verlässt du das Weindorf wieder, um ein weiteres Highlight der Region zu erkunden. Nach knapp 400 Metern biegst du an der ersten Kreuzung zunächst rechts ab, dann wieder links, und nach einem guten weiteren Kilometer siehst du schon die zackigen Zähne der Dentelles hinter den Bäumen emporragen.

Wanderung zu den Dentelles de Montmirail

Die markanten Kalkfelsen der Dentelles, die das Panorama der Region bestimmen, sind bei einer ca. zweistündigen Wanderung zu erklimmen. Folge dazu vom Parkplatz zunächst dem Schild zum Col du Crayon und oben angekommen dem blauen Rundweg zum Rocher du Midi. Hier erwarten dich nicht nur fantastische Ausblicke auf spitze Felsnadeln und bizzares Kalkgestein, sondern auch von der Rhône über den Mont Ventoux bis zum Luberon.

🅿 *Am Fuße des Wanderweges befindet sich ein großer, kostenloser Parkplatz an der Route des Florëts (GPS: 44.161197, 5.017307).*

22 km | Vom Parkplatz aus nimmst du zunächst die Route des Florëts (D229), bis diese nach anderthalb Kilometern auf die Rue de la Libération (D79) trifft. Dort biegst du nach rechts ab und folgst der Straße für einen Kilometer. An der nächsten Kreuzung hältst du dich zunächst links (D7) und nach 400 Metern rechts in Richtung Orange (D80). Nach einem weiteren Kilometer fährst du rechts auf die D8, und am folgenden Kreisverkehr nimmst du die D977 in Richtung Avignon für acht Kilometer. Am nächsten Kreisverkehr geht es in Richtung Orange über die D950, der du für 4,5 Kilometer folgst, bis dich ein weiterer Kreisverkehr auf die D72 und damit direkt ins Zentrum von Orange hineinführt.

Ziel & Spot

Orange
Weinpilgerorte und Zeitreise in die Antike ▶ **S. 44**

Optionaler Anschluss: **Tour** Ⓑ

WEIN UND BERGE

Gigondas ist berühmt für seine Weine und die markanten Dentelles de Montmirail.

Montélimar
Das Tor zu Frankreichs Süden

Kaum hat man die Autoroute du Soleil verlassen, begrüßen einen Mandelbäume und Weinberge, die Sonne und ein unvergleichlicher Duft: eine Mischung aus kräftig duftenden Kräutern und Lavendel. Keine Frage, hier beginnt der Süden. Montélimar ist das Tor zur Provence und hält neben seiner Spezialität, dem weißen Nougat, einiges bereit: Freu dich auf die Innenstadt mit weitläufiger Fußgängerzone, eine wehrhafte Burg mit moderner Kunst und urige Dörfer aus vergangener Zeit in der Umgebung.

P *Kostenloser Wohnmobilstellplatz am Chemin du Bois de Laud (GPS: 44.565176, 4.756749).*

BERGBEZWINGER

Das trutzige romanische Château des Adhémar thront über der Stadt.

AKTIVITÄTEN & SIGHTSEEING

❶ Durch die gemütliche Innenstadt bummeln

Herausgeputzt zeigt sich die Innenstadt von Montélimar, deren **Altstadt** praktisch eine einzige Fußgängerzone ist. Hier reihen sich kleine Independent-Boutiquen an bekannten Markengeschäfte, gesäumt von schicken Plätzen und prächtigen Renaissancegebäuden. Große Sehenswürdigkeiten braucht das Städtchen nicht, das du am besten bei einem gemütlichen Bummel entdeckst.

❷ Im Schloss zeitgenössische Kunst bestaunen

Trutzig thront **Château des Adhémar** über der Altstadt – von außen hoch und wehrhaft, drinnen zeitgenössische Kunst. Neben Kunstfans kommen auch Kids auf dem *Parcours Fantaisie* auf ihre Kosten, wenn sie beim „Game of trône" um die Krone kämpfen. *Infos: tgl. 10–18 Uhr | 24, rue du Château | Montélimar | 5 € | chateaux-ladrome.fr/fr/chateau-de-montelimar*

❸ In der Nougat-Manufaktur zuschauen und naschen

In großen Kupferkesseln wird Eischnee mit Lavendelhonig und heißem Zucker vermengt, dazu Mandeln und Früchte der Region – so wird seit 1900 in der **Suprem'-Nougatmanufaktur** von Monsieur Savin das Traditionskonfekt aus Montélimar hergestellt. Ihr könnt bei der Nougatherstellung zuschauen und die Leckereien nach einer Führung kos-

ten. *Infos: tgl. 9–19.30 Uhr | Führungen Mo–Do um 9.30, 10, 10.45, 11.30, 14, 14.30 und 15 Uhr, Dauer ca. 20 Min., kostenlos | Suprem'Nougat G. Savin | 3, avenue Saint-Martin, Montélimar | suprem-nougat.fr*

❹ Die Ruhe in einem mittelalterlichen Dorf genießen

Du liebst enge Gassen, alte Steinhäuser und die herrliche Ruhe auf dem Land? All das findest du im winzigen, mittelalterlichen Dorf **Châteauneuf-de-Mazenc** ganz in der Nähe. Der Weiler auf dem Hügel wurde liebevoll restauriert, daher pack die Kamera ein und erkunde diesen Ort, der so herrlich aus der Zeit gefallen wirkt. *Infos: Châteauneuf-de-Mazenc | Entfernung 17 km*

REGENTAG – UND NUN?

❺ In der rosa Glitzerwelt

Buntes Spielzeug, alte Autos, zuckrige Süßigkeiten – im **Palais des Bonbon et du Nougat** kann man sich, egal wie alt, bei trübem Wetter amüsieren. Staunt über die kuriosen Kunstwerke aus Süßem, schwelgt in Kindheitserinnerungen und probiert die Naschereien aus Nougat und Co. *Infos: Sept.–Juni Mo 14–18.30, Di–So 10–11.30 u. 14–18.30 Uhr, Juli/Aug. tgl. 10–19 Uhr | 100, route de Valence | Montélimar | 11 €, Kinder bis 12 Jahre 9 €, bis 5 Jahre 6,50 € | palais-bonbons.com*

ESSEN & TRINKEN

6 La Veranda

Mitten in der Stadt liegt ein wunderschöner, versteckter Garten mit historischer Villa, wo du eine entspannte Auszeit nehmen und das fantastische Essen mit Zutaten aus der Region genießen kannst. *Infos: tgl. | 18, rue Roger Poyol | Montélimar | Tel. +33 4 75 46 57 92 | abends Reservierung empfohlen | €€*

7 Le Moderne

Von außen etwas trashig-modern, vom Essen eine echte Geschmackswucht – im Le Moderne bekommst du delikat angerichtete Provencemenüs zu fairen Preisen. *Infos: Mi–So | 25, boulevard Aristide Briand | Montélimar | Tel. +33 4 75 01 31 90 | Reservierung empfohlen | restaurant-lemoderne.fr | €€–€€€*

8 Aix&Terra La Manufacture

In einem Bau aus Holz und Glas kannst du Leckereien wie Trüffelmayonnaise erwerben und hinterher im Restaurant an langen Tischen schlemmen. *Infos: Mo–Sa | N7 Chemin du Mouillon | Saulce-sur-Rhône | aixetterra.com | €€*

9 Maries 2 Chats

Locals lieben das „Maries" für den abwechslungsreichen Mittagstisch vom Grill, während der Gastgeber zwischen Holzkohlenofen und Tischen hin und her wirbelt. *Infos: Mo–Fr 10–18 Uhr | 142, rue Pierre Julien | Montélimar | Tel. +33 4 75 54 41 48 | €*

VANLIFE-COOKING

Mit frischen Zutaten lässt sich auch auf dem Campergrill Leckeres zaubern.

Insider-Tipp
All-you-can-snack

*Zwischen 12 und 14 Uhr gibt es ein üppiges **Vorspeisenbüfett** mit französischen Apéritif-Snacks – perfekt für die Shoppingpause.*

STELL- & CAMPINGPLÄTZE

10 Campingspaß mit Esel mitten in der Natur

Schon bei der Einfahrt begrüßen dich die langen, grauen Ohren des flauschigen Esels vom Campingplatz Le Moulinas. Nicht umsonst ist das hier „camping à la ferme", also Urlaub auf dem Bauernhof. Mit deinem Reisemobil stehst du auf dem großen, naturbelassenen Gelände ohne feste Parzellen, wo du dir das schönste Plätzchen aussuchen und die Hängematte zwischen schattigen Bäumen spannen kannst. Wenn du magst, spring danach in den kleinen, aber feinen Pool; Kinder dürfen auf dem Esel reiten. Üppige Ausstattung darfst du nicht erwarten, aber dafür campst du mitten in der Natur!

Aire naturelle Le Moulinas 😃❋

€ | *Chemin de la Labre | Malataverne*
Tel. +33 4 75 90 72 35
GPS: 44.495044, 4.741051
▸ **Größe:** *2,5 ha, keine festen Stellplätze*

11 Schnörkelloses Camping zu unschlagbarem Preis

Der nette *camping municipal* ohne viel Chichi eignet sich perfekt für alle Sparfüchse und Camper, die keinen Wert auf große Ferienanlagen mit viel Unterhaltung legen. Hier campt man auf einer schönen Wiese unter schattigen Bäumen, hält ein Pläuschchen mit den Nachbarn und kann zum Baden nebenan ins öffentliche Freibad gehen. Die Betreiber begrüßen jeden Besucher herzlich und legen großen Wert auf Sauberkeit der Anlage. Verpflegung bekommt man in dem fußläufig gelegenen Supermarkt des entspannten Dorfes Châteauneuf-du-Rhône, wenige Minuten von Montélimar entfernt.

Camping Municipal de la Graveline 😃🐾

€ | *5150A, chemin de la Graveline | Châteauneuf-du-Rhône | Tel. +33 4 75 90 80 96 | chateauneufduRhône.fr/index.php/decouvrir/camping GPS: 44.487581, 4.719504*
▸ **Größe:** *33 Stellplätze, 2 Tiny-Houses*

Spot ②

Nyons
Schwarze Perlen und geheime Schätze des Drôme Provençale

Zwischen den Departements Drôme und Hautes-Alpes befinden sich die Baronnies und in dieser provenzalischen Landschaft ein echter Schatz: das schmucke Städtchen Nyons. In ganz Frankreich bekannt für die schwarzen Tanche-Oliven, die das herrlich warme Mikroklima hier wachsen lässt, kannst du in Nyons durch Olivenhaine wandern, die niedliche Altstadt mit ihrer Brücke entdecken, an der Zipline durch die Wälder rauschen und erkunden, was dieser Geheimtipp noch zu bieten hat.

P *Gebührenpflichtiger Parkplatz an der Promenade de la Digue (GPS: 44.357706, 5.138629).*

MÄRCHENHAFT

Seit 800 Jahren spannt sich die alte Brücke von Nyons über das Flüsschen Eygues.

AKTIVITÄTEN & SIGHTSEEING

1 Die Altstadt mit dem Vieux-Pont erkunden

Elegant schwingt er sich, einem Katzenbuckel gleich, über die gurgelnde Eygues – der **Vieux-Pont,** die 800 Jahre alte Brücke von Nyons. Hier startet dein Bummel durch die entzückende Altstadt. Von oben kannst du hinab auf das türkisfarbene Wasser blicken und dich danach in den schmalen Gassen mit den vielen hübschen Cafés und Boutiquen verlieren, bis du auf der von Platanen gesäumten **Place des Arcades** ankommst.

2 Über den Sentier des Oliviers wandern

An der Promenade des Anglais startet der Themenweg durch die Olivenhaine, wo du alles Wichtige über den Symbolbaum der Stadt und seine Verarbeitung lernen kannst. Die leichte Wanderung führt dabei an mediterranen Landhäusern und schattigen Hainen entlang – ein herrlicher Ausflug in die Natur! **Infos:** Start an der Cité Scolaire, GPS 44.362644, 5.138860 | Nyons | 4 km | Dauer 1,5 Std.

3 Von der Tour Randonne die Aussicht genießen

Verschlungene Sträßchen, steile Rampen, blumengeschmückte Treppen – rund um das Mittelalterviertel Forts geht's hoch hinaus. Auf der Spitze des Hügels thront der verschnörkelte Randonne-Turm, von dessen Vorplatz du das ganze Tal im Blick hast. Auf dem Rückweg kannst du dich einfach durch die vielen überdachten Gänge und Gassen zurück zum Rathausplatz treiben lassen.

4 Bei Les Barons Perchés durch die Wälder schwingen

Zzzzzzt – mit einem Rauschen saust du an der Zipline über die Wipfel, nur um dich danach im Hochseilparcours von Ast zu Ast zu schwingen. Noch dazu hast du vom Klettergarten aus einen fantastischen Blick auf das saftig grüne Tal und die Olivenhaine. Die Einweisung von John und Clara ist herzlich und genau, aber Achtung: Touren finden nur nach Reservierung statt! **Infos:** tgl. nach Vereinbarung | Les Barons Perchés | Col de la croix, Nyons | ab 12 € | +33 6 72 94 43 32 | les-barons-perches.com

REGENTAG – UND NUN?

5 Alles in Öl

Die bekannteste Ölmühle der Stadt ist **Moulin DOZOL Autrand** – kein Wunder, das AOP-Olivenöl aus der beliebten Tanche-Olive ist erstaunlich sanft und aromatisch. So kauften hier bereits berühmte Gäste wie die Gattin von Jacques Chirac ein, wie ein Bild an der Wand belegt. In der netten Boutique kannst du dich stundenlang durch die verschiedenen Öle testen und jegliche Produkte aus Oliven erwerben. **Infos:** Mo-Sa 9–12.30 u. 14.30–18.30, So 9–12.30 Uhr | Promenade de la Digue | Nyons | moulindozol.com

ESSEN & TRINKEN

6 Chez Sarah

Kleines, familiengeführtes Restaurant mit supernettem Service in der belebten Rue des Déportés. Kleine Menüauswahl mit frischer französischer Küche – besonders lecker sind die hausgemachten Ravioli! *Infos: Do–Mo | 14, rue des Déportés | Nyons | Tel. +33 4 75 28 27 90 | €€*

7 La Farigoule

„Cuisine Provençale et de Terroir" verspricht das Schild vor dem roten Restaurant. Recht hat's – auf die wenigen Tische kommen originelle Geschmacksvariationen aus regionalen Produkten. *Infos: Di–So | 23, rue des Déportés | Nyons | Tel. +33 4 75 26 07 01 | reservieren empfohlen | restaurant-nyons.com | €€*

EINKAUFEN

8 Distillerie Bleu Provence

Riesige Bündel duftender lila Blüten werden von Traktoren in große Kessel geschoben – hier entsteht Lavendelöl. In der Destillerie könnt ihr den Brennvorgang hautnah erleben, hinterher die Produkte im Shop beschnuppern – und erwerben. *Infos: Führungen Di, Do u. Fr 15, Juli/Aug. Mo–Sa 10.30 u. 15 Uhr, 5,50 € | 58, promenade de la Digue | Nyons | distillerie-bleu-provence.com*

Insider-Tipp
Zum Dahinschmelzen

Im Café der **Distillerie Bleu Provence** *kannst du auf der Sonnenterrasse leckerstes Bio-Eis schlecken!*

MARKTLIEBE

Auf der Place des Arcades werden nicht nur Oliven und Orangen verkauft, sondern auch Bücher und Co.

9 Marktzeit

Jeden Donnerstag findet auf der **Place des Arcades** das trubelig-lebhafte Treiben unter bunten Schirmen statt. Dann gibt es alles aus Oliven bis hin zu Töpferwaren, Kunsthandwerk und typisch provenzalischem Marktallerlei.

Infos: Do, Sommer auch So 8–14 Uhr | Place des Arcades | Nyons

STELL- & CAMPINGPLÄTZE

10 Relaxter Platz mit Badestelle

Stell dir vor, du wachst mit dem leisen Plätschern des Flusses auf, öffnest die Campertür, blickst in die Sonne und nimmst ein morgendliches Bad in der herrlich erfrischenden Eygues. So kann ein Urlaubstag starten! Für's perfekte Holiday-Feeling sorgt auch die wunderbar relaxte Atmosphäre auf dem Platz. Die Stellplätze haben zum Teil direkte Sicht auf den Fluss. Nach einem Tag im zehn Minuten entfernten Nyons kannst du es dir dann am Abend auf der netten Terrasse der Snackbar mit einem kalten Getränk gemütlich machen.

Camping L'Or Vert ☀

€ | La Charité | Aubres
+33 4 75 26 24 85 | camping-or-vert.com
GPS: 44.372164, 5.162342

▸ **Größe:** *79 Stellplätze, Mobile-Homes*
▸ **Ausstattung:** *Snackbar, Minishop, Pétanque-platz*

11 Zu Fuß in die Stadt

Wer sein Mobil gerne auf dem Platz stehen lassen und zu Fuß die Stadt erkunden möchte, für den ist dieser Campingplatz ger au richtig: In nur knapp 15 Minuten läu't man bis zum berühmten Vieux-Pont. Auf dem Platz bieten die großen Stellplätze je nach Lage unter den Bäumen Schatten oder Sonne – und wem es im Sommer zu heiß wird, springt einfach in den Pool oder kühlt sich ab im Fluss. Hinterher gibt's in der Snackbar dann herzhafte Bissen oder ein leckeres Eis!

Camping Les Clos 🐾

€€ | Route de Gap | Nyons
Tel. +33 4 75 26 29 90 | campinglesclos.com
GPS: 44.365508, 5.154063

▸ **Größe:** *81 Stellplätze, Mobile-Homes*
▸ **Ausstattung:** *Pool, Snackbar, Minimarkt*

Vaison-la-Romaine
Römer, Burgen und der höchste Berg der Provence

Der Name sagt's schon: „Die Römische" fasziniert mit ihrem antiken Erbe, ist aber noch so viel mehr als archäologische Ausgrabungen und alte Säulen. Bei einem Besuch in Vaison-la-Romaine könnt ihr die engen Gassen der mittelalterlichen Altstadt entdecken und den Blick von der Burg schweifen lassen, im Weinberg echt provenzalisch kochen lernen, durch einen Fluss wandern und natürlich dem weißen Riesen, dem Mont Ventoux, einen Besuch abstatten.

P *Kostenloser öffentlicher Parkplatz, etwa 600 Meter von der Innenstadt entfernt, Avenue Alexandre Blanc (GPS: 44.241092, 5.068476).*

WIE IM BILDERBUCH

In Vaison schmiegen sich die engen Häuserzeilen an die Burg.

AKTIVITÄTEN & SIGHTSEEING

① Durch die verwinkelte Mittelalterstadt spazieren

Enge, steile Gassen, Kopfsteinpflaster, mit Efeu berankte Steinbögen, die sich zwischen die Häuser spannen – in der **Cité Médiévale** ist das Mittelalter lebendig. Beim Spaziergang durch die schiefen Häuserzeilen entdeckst du kleine Plätze und plätschernde Springbrunnen, während du bergauf wanderst. Oben thront das mächtige **Château,** von dem du einen herrlichen Blick auf die Stadt hast.

② Römisches Erbe im Quartier de Puymin entdecken

Nicht nur für Geschichtsfreaks: In der Antike soll *Vaisio Vocontiorum* reicher gewesen sein als Pompeji. Heute kann man in den Ruinen der römischen Stadtviertel opulente Straßenzüge, feine Säulen, Villen und ein antikes Theater entdecken. Wem das nicht reicht, schaut noch im **Museum** vorbei und bestaunt detailliert gearbeitete römische Statuen. *Infos: tgl. 9.30–12 u. 14–18 Uhr | Römische Stätten und Musée archéologique Théo Desplans | Rue Bernard Noël | 9 €*

③ Einen Abstecher zum weißen Riesen machen

Seine kahle Kuppe dominiert die Landschaft: Der **Mont Ventoux** thront 1909 Meter über der Provence und erlaubt den spektakulärsten Blick über das Land. Aber schau in die Wetter-App oder aus dem Fenster, bevor du losziehst – bei dichten Wolken ist das Panoramavergnügen passé. Also, bei Sonnenschein nichts wie rein in den Camper und auf zum Gipfel und staunen!

④ Erfrischend wandern

In den **Gorges du Toulourenc** kannst du durch den Fluss wandern. An verlockenden Badegumpen, steilen Felswänden, kleinen Pools und Höhlen vorbei geht es durchs Wasser immer flussabwärts (Kinder sollten schwimmen können). *Infos: nur Mitte Juni–Sept. möglich, nicht nach Starkregen | Startpunkt: Pont de Veaux, Parken 400 m weiter rechts | GPS: 44.214954, 5.213857 | Badeschuhe mitnehmen!*

REGENTAG – UND NUN?

⑤ Provenzalisch kochen lernen

Wie wäre es, mit einer französischen Familie in einem Weinberg die provenzalische Kochkunst zu lernen? **Sabine** lädt in ihr Zuhause ein und zeigt euch, wie man traditionelle Leckereien wie Tapenade, Aubergine millefeuille oder Clafoutis zubereitet. Sobald die Köstlichkeiten vor euch stehen, gibt es ein Glas vom eigenen Wein und dann heißt es: *Santé! Infos: Mo–Fr, nach vorheriger Buchung | 49 € | La Grange Veille, Quartier Saint Veran | Vaison-la-Romaine | Tel. +33 9 71 72 21 06 | cooking-in-provence.com*

ESSEN & TRINKEN

❻ Le Moulin à Huile

Nur ein paar Treppenstufen von der Hauptstraße entfernt, gelangt man auf eine von Olivenbäumen beschattete Terrasse direkt am Fluss. Und während neben einem die Ouvèze plätschert und die Grillen zirpen, speist man in romantischer Atmosphäre hervorragende provenzalische Menüs. *Infos: Do–Mo | 11, quai Maréchal Foch – route de Malaucène | Vaison-la-Romaine | Tel. +33 4 90 36 04 56 | Reservierung notwendig | €€*

❼ Thé à la Menthe

Im familiengeführten marokkanischen Lokal kommen authentische Tajine mit zartem Fleisch, Couscous und vegetarische Optionen auf den Tisch. Familiäres Feeling und gemütliche Plätze auf den Treppenstufen einer schmalen Gasse. *In-fos: Do–Di | 5, rue de l'Ouvèze | Vaison-la-Romaine | Tel. +33 4 90 28 79 35 | €*

❽ Léone Artisan Glacier

Naschkatzen, aufgepasst: Beim jungen Glacier Léone gibt es pittoresk aufgeschichtete Eisbecher mit allem, was die französische Gourmetküche hergibt. Hochgenuss: der unwiderstehliche Eisbecher *L'Irrésistible! Infos: April–Dez. Do–Di | 2, place Montfort | Vaison-la-Romaine | leoneartisanglacier.com | €*

EINKAUFEN

❾ Lou Canestou

Hier schlägt das Herz von Käsefans höher: Bei Josiane Déal liegen allein über 70 verschiedene Ziegenkäse in der Auslage ihres auffällig roten Geschäfts. Wer da den Überblick verliert, wird kompetent beraten und darf natürlich auch mal

OBERLECKER

In der Provence gibt's köstlichen Rosé, der gut zum Grillmenü passt.

probieren. **Infos:** *Mo–Sa | 10, rue Raspail | Vaison-la-Romaine | loucanesteou.com*

STELL- & CAMPINGPLÄTZE

10 Entspannter Platz am Fluss

Etwa drei Kilometer außerhalb von Vaison-la-Romaine findest du den superlockeren Platz Camping Voconce mitten im Grünen. An der Rezeption heißen dich die etwas alternativen Betreiber herzlich willkommen und schenken am Abend der geselligen Runde in der angrenzenden Bar die Getränke aus. In einer Talmulde liegen die großzügigen Stellplätze unter schattigen Bäumen direkt am Fluss. Wer mag, springt dort hinein oder erfrischt sich im platzeigenen Pool.

Camping Voconce ☺

€ | 250, Cabrière | Crestet
Tel. +33 4 90 36 28 10 | camping-voconce.com
GPS: 44.224691, 5.104888

▶ **Größe:** *116 Stellplätze, Mobile-Homes und Glamping-Zelte*
▶ **Ausstattung:** *Bar, Restaurant, Pool*

11 Perfekt für den Stadtbesuch

Nur 100 Meter vom römischen Amphitheater entfernt, bietet dieser Platz die ideale Ausgangslage für den Besuch der Stadt. Bis zum schmucken Platz an der Rue de la République läuft man gerade mal zehn Minuten und kann von dort die Innenstadt erkunden. Hinterher kann man auf den grünen Stellplätzen wunderbar die Seele baumeln lassen, denn Ruhe und Erholung stehen hier im Vordergrund – auf actionreiche Animation wird verzichtet. Für Unterhaltung sorgen hier der Pool zur Abkühlung, die gesellige Terrasse, der Pétanqueplatz.

Camping du Théâtre Romain ☀

€€ | 205, chemin du Brusquet | Vaison-la-Romaine
Tel. +33 4 90 28 78 66 | camping-theatre.com
GPS: 44.244762, 5.078641

▶ **Größe:** *66 Stellplätze, Mobile-Homes*
▶ **Ausstattung:** *Minimarkt, Pool*

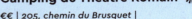

Insider-Tipp

Pizza gourmande

Ein- bis zweimal die Woche gibt's am Pizza-Bus frische Margharita & Co.

Orange
Zeitreise in die Antike und Ausflüge in Weinpilgerorte

Dass die Holländer ihre Landesfarbe aus Orange haben (ein hiesiger Graf wurde im Mittelalter zum König der Niederlande), wissen die wenigsten, umso bekannter ist der Ort für sein römisches Erbe. In Orange kannst du auf Zeitreise gehen und das antike Amphitheater bestaunen, auf dem großen Wochenmarkt die Leckereien der Region schlemmen, mit dem Fahrrad durch die endlosen Weinberge radeln und dem exklusiven Anbaugebiet der ehemaligen Päpste einen Besuch abstatten.

P *Kostenpflichtiger Parkplatz nahe dem antiken Theater, Cours Pourtoules (GPS: 44.135299, 4.811927).*

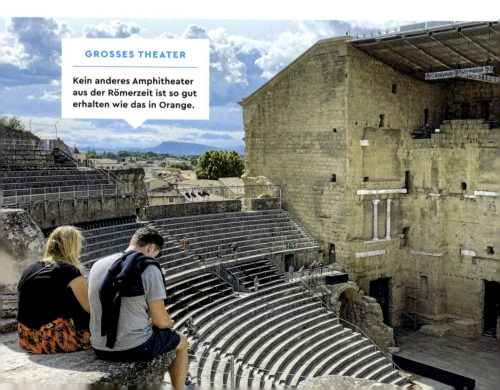

GROSSES THEATER

Kein anderes Amphitheater aus der Römerzeit ist so gut erhalten wie das in Orange.

AKTIVITÄTEN & SIGHTSEEING

❶ Durch das Théâtre Antique wandeln

Seit fast 2000 Jahren schlägt das Herz der Stadt im römischen Amphitheater. Es ist samt Bühnenmauer so gut erhalten wie kein anderes und lädt auch heute noch zu Besuchen und den Opernfestspielen im Juli ein (Näheres zum Programm auf choregies.com). *Infos: Juni–Aug. tgl. 9–19, sonst 9.30–16.30 Uhr | Rue Madeleine Roch, Orange | 10 € | theatre-antique.com.*

❷ Die Aussicht von der Colline Saint-Eutrope genießen

Gipfelstürmer rauf auf den Hügel hinter dem antiken Theater, der Ausblick auf Stadt und Amphitheater lohnt sich! Wo einst das mächtige Fort des Fürsten von Nassau-Oranien stand, dominieren heute weitläufige Grünanlagen mit Spielplätzen, Cafés und tollen Aussichtspunkten den Stadtberg.

❸ Mit dem Vélo durch die Weinberge radeln

Die Gegend rund um Orange ist wie geschaffen für entspannte Fahrradtouren: Idyllische Weinberge, Sonnenblumenfelder, die sanft fließende Rhône und herrschaftliche Châteaus säumen den Weg. Ausführliche Beschreibungen für Touren (z.B. zur Tour „De la Pierre aux Galets") bekommst du im **Office du Tourisme.** *Infos: tgl. 9–12.30 u. 14–18 Uhr | Office du Tourisme | 5, cours Aristide Briand | Orange*

❹ Die Weine von Châteauneuf-du-Pape entdecken

Weinkennern leuchten beim Namen Châteauneuf-du-Pape die Augen: Rund um das Dorf warten prominente Weinschlösser wie das **Château La Nerthe** auf deinen Besuch. *Infos: Mai–Sept. tgl. 10–18 Uhr, Okt.–April Mo–Sa 10–12 u. 14–18 Uhr | Château La Nerthe | Route de Sorgues, Châteauneuf-du-Pape | chateaulanerthe.fr*

> **Insider-Tipp**
> **Kellerschätze**

*Bei einer **Führung** im Château de la Nerthe entdeckst du uralte Weinkeller und darfst erlesene Weine probieren (12 € nach Anmeldung auf chateaulanerthe.fr).*

REGENTAG – UND NUN?

❺ Alles über den Wein der Päpste erfahren

Wie kam der Wein nach Châteauneuf-du-Pape, warum ist er so bekannt und was haben die Päpste damit zu tun? Alles über das Terroir, die Weinlese und die Destillation erfährst du im interaktiven **Musée du Vin Brotte.** Und weil man Wein nur durch Probieren richtig kennenlernt, gibt es hinterher noch eine Degustation von einigen Grand Cuvées. *Infos: tgl. 9–19 Uhr | 6 € | Avenue Saint-Pierre de Luxembourg | Châteauneuf-du-Pape | museeduvin brotte.com*

ESSEN & TRINKEN

6 La Grotte d'Auguste

Direkt vom antiken Theater aus führt ein Weg in die Grotte von Augustus – hier kannst du in einer urigen Felshöhle oder auf einer Holzterrasse hervorragend speisen. Locals und Theater-Schauspieler lieben *la grotte*, denn die Küche serviert provenzalische Klassiker zu fairen Preisen. *Infos: Di–Sa | Théâtre Antique, rue Madeleine Roch | Orange | Tel. +33 4 90 60 22 54 | restaurant-orange.fr | €€*

7 Au Petit Patio

Wie eine grüne Oase lädt der gemütliche Innenhof des Restaurants im Sommer zum Relaxen ein. Kein Wunder, denn die Qualität der lokalen Menüs ist grandios und nach den raffinierten Desserts möchte man am liebsten den Teller abschlecken! *Infos: Mo–Sa | 58, cours Aristide Briand | Orange | Tel. +33 4 90 29 69 27 | Reservierung empfohlen | €€€*

EINKAUFEN

8 Le Comptoir des Gourmets

Im niedlichen Delikatessenladen von Patissier Lionel Stocky findest du entzückende Törtchen, bunte Macarons und andere Köstlichkeiten – egal ob süß oder herzhaft. Perfekter Shoppingstopp für ein kleines Picknick in der Stadt! *Infos: Di–Sa 8.30–12.30 u. 14.30–19.30, So 8.30–12.30 Uhr | 1, rue Notre Dame | Orange*

9 Markt in Orange

Wenn am Donnerstag über 300 verschiedene Händler ihre bunten Schirme aufspannen und ihre Produkte der Re-

DELIKATESSENTEMPEL

Im Comptoir des Gourmets werden Schleckermäuler glücklich.

gion verkaufen, tummelt sich die ganze Stadt auf dem größten und ältesten Markt des Vaucluse. *Infos: Do 8–12.30 Uhr | Place Georges-Clemenceau, Cours Aristide-Briand und Place André-Bruey | Orange*

STELL- & CAMPINGPLÄTZE

⑩ Grüne Oase am Stadtrand

Wer gerne zu Fuß oder mit dem Fahrrad in die Stadt fährt, ist auf diesem Platz genau richtig. Etwa zwei Kilometer von Oranges Innenstadt entfernt, findest du am Ende eines unscheinbaren Feldwegs den schlichten, aber entspannten Campingplatz Manon. Ein kleiner Pool lädt zum Planschen ein und auf der angrenzenden Terrasse gibt es Pizza, Salate und Co. im Restaurant. Die Stellplätze sind auch für große Camper sehr geräumig und durch Hecken voneinander getrennt, die Sanitäranlagen zwar etwas in die Jahre gekommen, aber sauber. Im Sommer familiär-relaxte Atmosphäre mit wöchentlichen Karaoke-Abenden.

Camping Manon 🐾

€€ | 1321, rue Alexis Carrel | Orange Tel. +33 4 32 81 94 96 | camping-manon.com GPS: 44.146939, 4.796555

▶ **Größe:** *83 Stellplätze, Mobile-Homes*
▶ **Ausstattung:** *Restaurant, Pool, Minimarkt, Sportplätze*

⑪ Kleine Alternative auf dem Weingut

Pssst, Geheimtipp: Auf dem Weingut Château Maucoil steht ihr mit traumhaftem Blick auf die Weinberge von

Châteauneuf-du-Pape! Alles, was ihr tun müsst, ist euch telefonisch oder in der Weinboutique nach Ankunft anmelden, und schon steht ihr auf einem kleinen Schotterplatz für eine Handvoll Reisemobile. Strom und Wasser sind nicht vorhanden, dafür aber ein Toilettenhäuschen und ein Pool. Das Beste sind jedoch die fantastischen Weine der Gastgeber, die ihr unbedingt probieren müsst.

Château Maucoil

€ | Chemin de Maucoil | Orange Tel. +33 4 90 34 14 86 | chateau-maucoil.lavau.fr GPS: 44.090270, 4.807468

▶ **Größe:** *6 Stellplätze*

QUICKLEBENDIG UND ENTSPANNT

Vor dem Papstpalast in Avignon schlägt das provenzalische Herz.

Tour

Päpste, Pferde und ein Hauch Wilder Westen
Von Avignon in die Camargue

Start & Spot — **5** — **Avignon** ▶ S. 58

29 km

Spot — **6** — **Les Alpilles** ▶ S. 62

28 km

Spot — **7** — **Arles** ▶ S. 66

86 km

Ziel & Spot — **8** — **Camargue** ▶ S. 70

Diese Tour ist für Naturfreunde und Kulturliebhaber! Ihr entdeckt auf eurer Reise den mächtigen Papstpalast von Avignon, bestaunt das antike Amphitheater in Arles, fiebert mit beim unblutigen Stierkampf und könnt auf dem Rücken weißer Camargue-Pferde die Landschaft erkunden. Vielleicht entdeckt ihr sogar Flamingos? Für Abwechslung sorgen dabei aufregende Neuentdeckungen wie der innovative Kunstcampus LUMA in Arles oder entspannte Stunden mit Drinks im Quartier des Teinturiers in Avignon.

Strecke 143 km

Reine Fahrzeit 3 Std. 10 Min.

Streckenprofil Gut geteerte Straßen mit einigen Kurven und Serpentinen rund um die Alpilles und Fährüberfahrt auf der Grand Rhône.

Empfohlene Dauer 7 Tage

Anschlusstour
A F

FACTS

Tour B im Überblick

Tour-Highlights

Von der Burgruine in *Les Baux* übers ganze Land schauen ▶ **S. 63**

Mit *LUMA Arles* den neuen Stern am Kunsthimmel bewundern ▶ **S. 67**

Bei der *Course camarguaise* die wilden Stiere anfeuern ▶ **S. 71**

Auf einem weißen *Camargue*-Pferd über die Salzwiesen reiten ▶ **S. 71**

7 km

Start & Spot ⑤

Avignon
Gar nicht päpstlicher als der Papst ▶ S. 58

Optionaler Anschluss: Tour Ⓐ

17 km

Nach einem fulminanten Auftakt in Avignon verlässt du die Stadt in Richtung Südwesten immer am Rhône-Ufer entlang, bis du hinter der Eisenbahnbrücke von Gustave Eiffel rechts auf die Route du Confluent abbiegst. An den nächsten vier Kreisverkehren hältst du dich jeweils Richtung Arles und fährst zunächst drei Kilometer auf der N1007 und dann sechs Kilometer auf der D570N, bis du im Westen an **Graveson** vorbeifährst. Am Ortsausgang nimmst du die zweite Ausfahrt am Kreisverkehr und biegst nach 700 Metern leicht links ab auf den Chemin du Mas de la Musique, nach weiteren 700 Metern siehst du dann zu deiner Linken schon die Feigenbäume sowie das Schild von Les Figuières.

Les Figuières

Oliven, Wein oder Sonnenblumen? Nein, Familie Honoré hat seit 40 Jahren eine andere Passion: Feigen. Von ihren Reisen haben sie über 160 verschiedene Feigensorten mitgebracht und kultivieren mehr als 4000 Bäume. Im Herbst bekommst du während der Erntezeit frische Früchte sowie das ganze Jahr über köstliche Konfitüre, Nektar, Chutney und was sich sonst alles aus Feigen machen lässt. Monsieur Honoré nimmt sich bei einem Besuch gerne Zeit für eine kleine Führung und nette Beratung.

ℹ️ *Mo–Sa 8.30–12 u. 15–18.30 Uhr | 713, chemin Mas de la Musique | Graveson-en-Provence | lesfiguieres.com*

12 km

Nach deinem Besuch bei den Feigen fährst du den Chemin du Mas de la Musique wieder hinauf bis zum Kreisverkehr, wo du die erste Ausfahrt auf die D28 nimmst. Halte dich für 1,5 Kilometer auf der Straße (am nächsten Kreisverkehr geradeaus) und biege dann nach rechts auf die D5 ab Richtung Maillane. Halte dich für insgesamt sechs Kilometer auf der D5, bis du das Städtchen **Saint-Rémy-de-Provence** in den Alpilles erreichst.

Spot ⑥

Les Alpilles
Spitze Gipfelchen und verträume Dörfer ▶ S. 62

8 km

Kurz bevor es weiter in die flache Ebene der Camargue geht, sei dir noch eine kleine Spritztour durch die Bergkette der Alpilles empfohlen. Verlasse dazu Saint-Rémy nach Südwesten, bis du auf den Vieux Chemin d'Arles triffst. Der Straße folgst du für zwei Kilometer, bis du an einer Kreuzung links auf die Route des Baux/D27 abbiegst. Nun geht es auf der schmalen Landstraße immer weiter hinein in die „Kleinen Alpen". Nach zuletzt kurvenreichen vier Kilometern erreichst du den perfekten Fotospot in den Alpilles.

📷 *Kurz vor Les Baux-de-Provence tut sich rechts auf einer Parkbucht in der Kurve ein hervorragender Panoramablick auf das Felsendorf auf (GPS: 43.751445, 4.792972).*

14 km

Bild gemacht? Dann geht es weiter über die D27 am Steinbruch und unterhalb von Les Baux vorbei, bis du nach 2,5 Kilometern an der Gabelung rechts die D78F in Richtung Arles nimmst. Halte dich auf der Straße, bis du nach drei Kilometern rechts dem Schild zur Abbaye de Montmajour/D17 folgst. Nach drei Kilometern kommst du nach **Fontvielle,** das du weiter geradeaus über die D17A passierst. Am westlichen Ortsrand von Fontvielle biegst du nach rechts auf die Avenue d'Arles/D17, bis nach 3,5 Kilometern die massiven Mauern der Abbaye de Montmajour auftauchen.

MEHR SEIN ALS STEIN

Von den Burgruinen von Les Baux kannst du bis in die Camargue schauen.

GEHEIMNISVOLL

So manche Intrige hat sich einst in der Abtei Montmajour abgespielt.

Abbaye de Montmajour

Ein Muss für alle Geschichtsfans: Schon von Weitem ist die majestätische Benediktinerabtei über dem flachen Land zu sehen. Im 10. Jh. mit dem Bau begonnen, wurde sie nie fertiggestellt – Intrigen und die Affäre um ein mysteriöses Halsband von Marie Antoinette verhinderten dies. Heute kannst du die atmosphärische Ruine besichtigen und die steilen Treppen bis hoch zum Turm erklimmen und von oben den Blick schweifen lassen.

ℹ️ *Juni–Sept. tgl. 10–18.30, Okt.–Mai 10–17 Uhr, letzter Einlass 1 Std. vor Ende | 6 € | Route de Fontvielle | Arles | GPS: 43.706082, 4.663903*

6 km | Nach dem Besuch der Abtei fährst du die D17 für zwei Kilometer weiter in Richtung Arles. Am ersten Kreisverkehr nimmst du die zweite Ausfahrt und am darauffolgenden Kreisverkehr die vierte Ausfahrt in Richtung Arles Centre und folgst der Avenue de Stalingrad für zwei Kilometer bis zum Marktplatz, der Place Lamartine.

Spot **Arles**
Auf dem Weg zur neuen Kunsthauptstadt ▶ **S. 66**

18 km | Nach einer abwechslungsreichen Zeit in Arles geht es mit einem kleinen Naturausflug weiter in die Camargue. Zuerst verlässt du die Stadt über die Schnellstraße N113 in südöstlicher Richtung. Nach 13,5 Kilometern nimmst du die Ausfahrt 10 nach **Saint-Martin-de-Crau** und folgst dann dem Schild nach rechts in die gleichnamige Stadt. Nach einem Kilometer fährst du an den folgenden zwei Kreisverkehren geradeaus und erreichst nach 600 Metern die Maison de la Crau.

Écomusée de la Crau

Wusstest du, dass die Crau die einzige Steinsteppe Europas ist? Was auf den ersten Blick wie ein ödes Gebiet voller Steine wirkt, entpuppt sich in Wahrheit als Hotspot einzigartiger Artenvielfalt. Im Ecomusée in Saint-Martin-de-Crau erfährst du, warum die Crau so wertvoll ist, welche Tier- und Pflanzenarten nur hier vorkommen und warum das Gebiet so gefährdet ist. Außerdem bekommst du nur hier die notwendige Erlaubnis, um auf Entdeckungstour in der Crau gehen zu können.

ℹ Maison de la Crau | Di–So 9–17 Uhr | 5 €, inklusive Pass für die Crau 7 € | 2, place Léon Michaud | Saint-Martin-de-Crau | cen-paca.org

10 km | Nachdem du den Pass für die Crau ergattert hast, biegst du zuerst rechts auf die Rue Léo Lelée, um nach etwa 300 Metern wieder rechts auf die Avenue de Plaisance zu fahren. Nach 400 Metern nimmst du am Kreisverkehr die zweite Ausfahrt, wo die Straße zur D24 wird. Halte dich nun an den folgenden Kreisverkehren auf der Straße und folge nach zwei Kilometern dem Schild links auf den Chemin d'Istres à l'Étang des Aulnes. Während die Landschaft langsam trockener wird, biegst du nach 3,5 Kilometern links ab und erreichst nach weiteren zwei Kilometern den kleinen Parkplatz am Startpunkt des Crau-Lehrpfads (*GPS: 43.571694, 4.831917*).

Sentier de Peau de Meau

Steine, nichts als Steine … Halt, so ganz stimmt das nicht! In Wahrheit findest du hier ein einzigartiges Ökosystem vor, das es so sonst nur in Afrika gibt. Besonders Vogelfreunde können mit etwas Glück seltene Arten wie Bienenfresser, Zwergtrappe oder Wiedehopf entdecken. Beim Rundgang durch den Park (4,5 km) allerdings ganz wichtig: auf den Wegen bleiben, um die fragile Natur zu schützen.

Insider-Tipp

Wüste Expedition

*Jeden ersten Freitag im Monat (außer Juli/Aug.) gibt es eine kostenlose **Tour mit einem Ranger** durch die Crau (Termine siehe FB: Écomusée de la Crau).*

Optionaler Anschluss: Tour Ⓕ

34 km

Nach der Steinsteppe geht es nun hinein ins Rhône-Delta. Fahre den Weg zunächst zurück, bis du wieder auf die D24 triffst, der du nach links folgst. Nach einem Kilometer kommst du auf die Auffahrt zur Schnellstraße N568, wo du dich in Richtung Salin-de-Giraud hältst. Bereits nach einem Kilometer verlässt du die Straße wieder und biegst für 4,5 Kilometer zurück auf die D24 nach Port-St-Louis. Nachdem du den Kanal d'Arles überquert hast, fährst du nach links auf die D35. Nach 16 Kilometern biegst du nach rechts ab und erreichst nach einem Kilometer die kleine **Fähre** über die Grand Rhône (5 € Fährkosten). Auf der anderen Seite der Rhône fährst du bei Salin-de-Giraud nach links auf die D36D, bis du nach dem Ortsausgang bereits die ersten Salzfelder siehst.

Salin-de-Giraud

Schon mal einen rosa See gesehen? Von der Aussichtsplattform an der D36 kannst du das ganze Farbspektrum der rosafarbenen Salzbecken in den Salinen entdecken. Im Hintergrund türmen sich gewaltige Salzberge, und zwischen den Becken kannst du mit Glück Flamingos beobachten.

ℹ️ *Parkplatz und Plattform an der D36, GPS: 43.402556, 4.753539*

Insider-Tipp

Rosa Flammenmeer

Nirgendwo sonst ist der Sonnenuntergang so stimmungsvoll wie in der Camargue – ganz besonders mit den rosa Salinen im Hintergrund!

12 km

Zum krönenden Abschluss geht es nun bis zum Mittelmeer. Folge dafür einfach der D36D entlang der Rhône zu deiner Linken und den Seen und Salzfeldern zu deiner Rechten. Vielleicht siehst du bereits die ersten Flamingos und Wasservögel, bevor du nach knapp zehn Kilometern den weitläufigen Strand von Piémanson erreichst.

Plage de Piémanson

Ein Abstecher bis ganz in den Süden lohnt, denn hier findest du den schönsten Strand Südfrankreichs. Auf dem 30 km langen Naturstrand kann man sogar mit dem Camper stehen, im seichten Wasser baden, die endlose Weite genießen und das pure Gefühl von Freiheit spüren!

ℹ️ *GPS: 43.348555, 4.783972 | Übrigens: Über Nacht stehen wird dort nicht mehr geduldet, meist kommt abends die Polizei und schaut, ob alle Womos weg sind.*

12 km | Jetzt kannst du dich entscheiden, ob du die zehn Kilometer zurück nach Salin-de-Giraud auf den Campingplatz fahren möchtest oder noch weiter bis ins bunte Saintes-Marie-de-la-Mer. Egal wie du dich entscheidest, dein Aufenthalt in der Camargue wird sicher unvergesslich werden.

Ziel & Spot **8** **Camargue**
Zu Gast bei Cowboys, Pferden und rosa Flamingos ▶ **S. 70**

Optionaler Anschluss: Tour F

HIMMEL!

Bei Salin-de-Giraud erlebt ihr atemberaubende Sonnenuntergänge.

Spot ⑤

Avignon
Gar nicht päpstlicher
als der Papst

„Sur le pont d'Avignon …" getanzt wurde nicht nur früher (übrigens nicht auf der Brücke, sondern darunter auf der Île de Barthelasse!), sondern auch heute noch gern. Denn Avignon ist neben dem päpstlichen Erbe aus dem Mittelalter eine junge, quicklebendige und vor allem entspannte Stadt. Der neue Lieblingsspot der Stadt ist auf jeden Fall das alternative Quartier de Teinturiers, das nicht nur während der Festivalsaison ein Hotspot der Nachtschwärmer ist.

🅿 Kostenloser Parkplatz mit Gratisshuttle in die Stadt auf der Insel Piot (GPS: 43.951280, 4.793725).

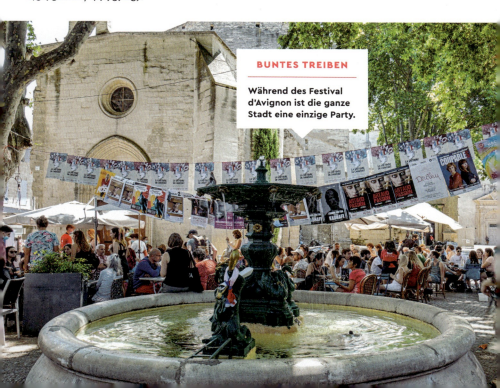

BUNTES TREIBEN

Während des Festival d'Avignon ist die ganze Stadt eine einzige Party.

AKTIVITÄTEN & SIGHTSEEING

1 Den imposanten Papstpalast bestaunen

Auch 600 Jahre nach dem päpstlichen Aufenthalt ist Avignon immer noch die Stadt der Päpste. Die Pracht des riesigen **Palais des Papes,** in dem Benedikt XII. und Klemens VI. residierten, kannst du bereits von außen erahnen und bei einer Tour im Inneren leibhaftig erleben. Besonders schön ist der Blick über die Stadt von den Terrassen des Rocher des Doms dahinter. *Infos: tgl. 10–17 Uhr | 12 € | Place du Palais | Avignon | palais-des-papes.com*

2 Das alternative Quartier des Teinturiers erkunden

Die Stadt der Päpste mal so gar nicht päpstlich: Im Quartier des Teinturiers bevölkern nicht nur zur Festivalzeit alternative (Lebens-)Künstler die Cafés, Antiquitätenläden und Theater. An dem kleinen Fluss, in dem früher die Färber ihre Stoffe färbten, kannst du unter Platanen durch das romantische Viertel bummeln.

3 Mit den Grands Bateaux über die Rhône schippern

Zurücklehnen und bei einem Kaltgetränk die Aussicht genießen: Auf einem Flussschiff geht's über die Rhône vorbei am Pont d'Avignon, dem Papstpalast, dem Rocher des Doms und der Île de Barthelasse. Wer es sich richtig gutgehen lassen möchte, gönnt sich eine Minikreuzfahrt mit Mittags- oder Abendmenü und genießt im Vorbeifahren die Highlights der Stadt. *Infos: Les Grands Bateaux de Provence | Reservierung für Minikreuzfahrt online | ab 12 € | Abfahrt vom Quai de l'Oulle | bateauxdeprovence.fr*

4 Eine Radtour auf der Île de la Barthelasse unternehmen

Raus aus dem Getümmel, rein in die Natur! Mit der kostenlosen Fähre aufs andere Rhône-Ufer übersetzen, und schon bist du auf der entspannten Insel Barthelasse. Vom Radweg an der Uferpromenade hast du den besten Blick auf die berühmte Brücke und den Papstpalast.

Insider-Tipp
Birne in the bottle

*Auf der Insel gibt es die **Distillerie Manguin** (784, chemin des Poiriers | manguin.com), die für ihren Birnenschnaps bekannt ist. Findest du die Flaschen im Baum, in denen die Birnen wachsen?*

5 Das Fest des Jahres feiern

Jeden Juli steigt in der Stadt das **Festival d'Avignon,** die weltwichtigsten Theaterfestspiele und gleichzeitig eine einzige, wochenlange Party. Hunderte von Veranstaltungen, Theaterstücken und Konzerte buhlen mit bunten Plakaten und spontanen Einlagen auf der Straße um die Gunst der jungen Leute. Am Abend ist das Quartier des Teinturiers die inoffizielle Bühne des Off-Programms, wo in der **Cave des Pas Sages** bis in die Nacht über die Performances gequatscht wird. *Infos: Festival d'Avignon | Juli | Reservierung und Programm unter festival-avignon.com*

ESSEN & TRINKEN

6 La Cuisine du Dimanche

Ein junges Betreiberpaar, ein Restaurant unter stimmungsvollem Torbogen und ein *menu surprise* – das sind die Zutaten für einen wahrlich romantischen Abend mit wunderbar kreativer Küche. Aber Achtung: Reservieren und vor 19 Uhr kommen ist hier geboten. *Infos:* Mi–So | 31, rue de la Bonneterie | Avignon | Tel. +33 4 90 82 99 10 | lacuisinedudimanche.fr | €€

7 Le Goût du Jour

Wenn der junge Koch Julien Chazal den Löffel schwingt, kommen dabei wunderbar arrangierte, kleine Köstlichkeiten heraus. Das cleane Design des Lokals spiegelt sich auf den aufgeräumten Tellern der Menüs wider, die geschmacklich eine Wucht sind! *Infos:* Mi–Mo | 20, rue Saint-Etienne | Avignon | Tel. +33 4 32 76 32 16 | Reservierung

empfohlen | legoutdujour84.com | €€–€€€

8 Art'è Gusto

Was gibt es Besseres, als es sich nach einem langen Tag mit vielen Entdeckungen in einem netten Laden gemütlich zu machen und eine knusprig-heiße Pizza zu verdrücken? Wohl kaum etwas – zumal hier auch die Pastagerichte hervorragend schmecken. *Infos:* Mo–Sa | 33, rue des Teinturiers | Avignon | Tel. +33 4 90 32 93 23 | €

EINKAUFEN

9 Les Halles

In der Indoor-Markthalle herrscht stets geschäftiges Treiben – von Gemüse über Gewürze, Fisch und Fleisch gibt's alles, was in der Provence wächst und gedeiht. Dazu kannst du an flippigen Essensständen Austern schlürfen und an Samstagen auch lokalen Köchen

GRÜNES LEBEN

Hinter der bewachsenen Fassade der Markthalle frönt man kulinarischen Genüssen.

beim Zaubern zusehen. **Infos:** *Di–So 6–14 Uhr | 18, place Pie | Avignon*

STELL- & CAMPINGPLÄTZE

⑩ Inselcamping mitten in der Rhône

Von der Rhône umgeben, wartet auf der Île de Barthelasse ein weitläufiger Campingplatz auf dich. Großzügige Plätze im Schatten der ausladenden Baumkronen versprechen eine gute Zeit, wobei du keine Luxusausstattung erwarten kannst. Dafür ist mit Musikabenden, Sportplätzen und Pool für ausreichend Unterhaltung gesorgt. Das Highlight ist jedoch die Stadt selbst, die du fix mit dem Rad oder zu Fuß mit der kostenlosen Fähre erreichst. Der Campingplatz ist dabei der ideale Ausgangspunkt für die Stadtbesichtigung.

Camping du Pont d'Avignon 🐾😊☀️

€€ | 10, chemin de la Barthelasse | Avignon Tel. +33 4 90 80 63 50 | aquadis-loisirs.com/ camping-du-pont-d-avignon GPS: 43.956475, 4.802038

▶ **Größe:** *265 Stellplätze, Mobile-Homes*
▶ **Ausstattung:** *Restaurant, Aquapark, Sportplätze*

⑪ Preiswert unterkommen in Stadtnähe

Kurze 15 Minuten zu Fuß von der Altstadt entfernt, findest du bei Camping Bagatelle auf der Rhône-Insel garantiert einen Schlafplatz. Für kleines Geld werden dir schöne Stellplätze für Wohnmobile und Vans sowie saubere Sanitäranlagen geboten. Die alten, schattenspendenden Platanen auf dem Platz können bestimmt Geschichten von unzähligen freudenreichen Campingurlauben erzählen. Nach einer ausgiebigen Radtour entlang der Rhône wartet Erfrischung und Stärkung im Bar-Restaurant direkt am Flussufer auf dem Campingplatz auf dich.

Camping Bagatelle 🐾

€ | 25, allée Antoine Pinay | Avignon Tel. +33 4 90 86 30 39 | campingbagatelle.com/ camping-avignon GPS: 43.952374, 4.799177

▶ **Größe:** *120 Stellplätze, Mobile-Homes*
▶ **Ausstattung:** *Restaurant, Minimarkt*

Spot 6

Les Alpilles
Spitze Gipfelchen und verträumte Dörfer

Höher als 500 Meter ragt kein Gipfel der „Kleinen Alpen" in die Höhe, doch der hell leuchtende Drachenkamm wirkt vor der flachen Camargue wie ein echtes Gebirge. Zwischen den Zacken verstecken sich verträumte Provence-Dörfer, mittelalterliche Burgruinen und endlose Olivenhaine. Hier kannst du durch niedliche Gassen flanieren, Kunst im Steinbruch bestaunen und in charmanten Cafés einfach die Seele baumeln lassen.

ZAUBERHAFT

Lass dich in den Carrières Lumières in die stimmungsvollen Werke der Meister hineinziehen.

AKTIVITÄTEN & SIGHTSEEING

❶ Durch Saint-Rémy-de-Provence schlendern

So sieht eine typisch provenzalische Kleinstadt aus: Die selbsternannte „Hauptstadt" der Alpilles ist ein gemütliches Fleckchen mit einer mittelalterlichen Altstadt, die von einem traditionellen Platanenboulevard umringt ist. Im Inneren findest du Galerien, schicke Boutiquen, Kunsthandwerk und nette Cafés, in denen du dich nach dem Bummel niederlassen kannst. *Parken: gebührenpflichtiger Platz auf der Place de la République | Saint-Rémy-de-Provence*

❷ Die endlose Weitsicht genießen

Versprochen, der Aufstieg zum **Château des Baux-de-Provence** lohnt sich: Über dem verwinkelten Dorf thront die Burgruine. Ein paar Türme sind noch vorhanden, und die Aussicht bis in die Camargue ist phänomenal! Toll für die Kurzen: Mittelaltervorführungen, wo sie zu Ritter und Burgfräulein werden können. *Infos: Nov.–Febr. 10–17, März/Okt. 9.30–18, April–Juni u. Sept. 9–19, Juli/Aug. 9–19.30 Uhr | 8 € | Grand Rue | Les Baux-de-Provence | chateau-baux-provence.com*

❸ Über lebendige Kunstwerke staunen

Im ehemaligen Steinbruch von Les Baux, den **Carrières Lumières,** werden Kunstwerke lebendig: Wenn bei den aufwendigen Multimediashows die riesige Höhle in ein Farb- und Lichtermeer ge-

taucht wird, wirst du von den Werken der großen Meister verzaubert. *Infos: Nov.–Jan. 10–18, März 9.30–18, April–Juni u. Sept.–Okt. 9.30–19, Juli/Aug. 9–19.30 Uhr | 14,50 € | Route de Maillane, GPS: 43.748533, 4.795898 | Les Baux-de-Provence | carrieres-lumieres.com*

Insider-Tipp
Schnapper *Wer die Burg von Les Baux und Les Carrières besichtigt, spart mit einem Kombiticket 5 €.*

❹ Durch faszinierende Felslandschaften wandern

Die „Kleinen Alpen" aus schimmerndem Kalkstein sind wie gemacht für kurzwei-

REGENTAG – UND NUN?

❺ Ganz Auge sein

Nachdem sich van Gogh das Ohr abgeschnitten hatte, lebte er monatelang in einer Heilanstalt in Saint-Rémy. Einige seiner berühmtesten Werke entstanden im Kloster **Saint-Paul-de-Mausole,** das immer noch als psychiatrisches Krankenhaus mit Kunsttherapie genutzt wird. Du kannst sein altes Zimmer anschauen, durch den Kreuzgang wandeln und jene Blumenwiesen bewundern, die ihm damals als Vorlage dienten. *Infos: tgl. 10–17.30 Uhr | 6,50 € | Chemin Saint-Paul | Saint-Rémy-de-Provence | GPS: 43.776665, 4.833194 | saintpauldemausole.fr*

lige Wanderungen. Rund um Saint-Rémy und Les Baux kommst du an endlosen Olivenhainen und zerklüfteten Felsen vorbei. Besonders schön: die Route Le Val d'Enfer, die dich an ausgewaschenen Steinbögen vorbeiführt. Ausführliche Tourbeschreibungen im **Office de Tourisme**. *Infos: Office de Tourisme | tgl. 9.15–12.30 u. 14–18.30 Uhr | Place Jean Jaurès | Saint-Rémy-de-Provence*

ESSEN & TRINKEN

6 GUS

Französische Küche mit viel Raffinesse – fein angerichtete Menüs, mittleres Preisniveau und zum Nachtisch gibt's die Qual der Wahl: In der Patisserie-Vitrine sieht ein Törtchen himmlischer aus als das nächste. ***Infos:*** *Do–Di | 31, boulevard Victor Hugo | Saint-Rémy-de-Provence | Tel. +33 4 90 90 27 61 | €€*

7 Aux Ateliers chez Franck et Flo

Auf der schönsten Sommerterrasse der Region kannst du samstags ausgezeichnet brunchen oder wunderbar entspannt zu Mittag oder Abend essen. Danach noch einen Blick in den kleinen Delikatessenladen werfen und schon ist man wunschlos glücklich. ***Infos:*** *Mi–So | 115, avenue de la Vallée des Baux | Maussane-les-Alpilles | Tel. +33 4 90 49 96 58 | €€*

8 Bistrot les pieds dans l'eau

Während du auf ausrangierten Oma-Sofas chillst, flitzen die Kellner mit kalten Getränken und leckeren Gerichten zum Teilen über die schön beleuchtete Terrasse. Besonders am Abend ein beliebter Spot für Touristen und Locals. ***Infos:*** *tgl. | 22, boulevard Victor Hugo | Saint-Rémy-de-Provence | €€*

ROMANTISCH

Auf dem Campingplatz Mon Plaisir stehst du zwischen Bäumen und Lavendel.

EINKAUFEN

9 Moulin Cornille – Coopérative Oléicole de la Vallée des Baux

Das beste Olivenöl Frankreichs kommt aus den Alpilles! Davon kannst du dich bei einem Besuch in der Ölmühle der Kooperative in Maussane selbst überzeugen. Die Flaschen des „flüssigen Golds" stehen zum Probieren bereit, ihr Inhalt kitzelt samtig-weich die Zunge. *Infos: Mo–Sa 9.30–12.30 u. 14–18.30 Uhr| Rue Charloun Rieu | Maussane-les-Alpilles*

STELL- & CAMPINGPLÄTZE

10 Wunderbarer Platz für den Familienurlaub oder zu zweit

Nur 800 m vom Zentrum von Saint-Rémy-de-Provence findet man auf dem parkartigen Areal großzügige, parzellierte Stellplätze, ein Restaurant und einen beheizten Pool mit Liegewiese. Du bist noch auf der Suche nach einem Mitbringsel oder Andenken? Im kleinen Laden mit regionalen Spezialitäten und Wein zum Abfüllen wirst du fündig.

Camping Monplaisir 🐾😊

€€€ | 435, chemin Monplaisir | Saint-Rémy-de-Provence
Tel. +33 4 90 92 22 70 | camping-monplaisir.fr
GPS: 43.797105, 4.824665

▶ *Größe: 120 Stellplätze, Mobile-Homes*
▶ *Ausstattung: Restaurant, Pool, Minimarkt*

11 Kleine, aber feine Idylle

Die grünen Hecken und Sträucher auf dem lauschigen Platz bieten sowohl Sichtschutz für Ruhesuchende als auch Schatten, wenn die Mittagssonne hoch am Himmel steht. Die Betreiber achten auf gepflegte Sanitäranlagen und das Wohlergehen der Camper. Fußläufig ist das lebendige Dorf Maussane-les-Alpilles zu erreichen mit zahlreichen Einkaufsmöglichkeiten, Restaurants und Cafés. Auf der malerischen Place de l'Église sprudelt unter hundertjährigen Platanen ein Brunnen und verbreitet eine idyllische Stimmung.

Camping Les Romarins 😊

€ | Avenue des Alpilles | Maussane-les-Alpilles
Tel. +33 4 90 54 33 60 | campinglesromarins.fr
GPS: 43.721187, 4.809380

▶ *Größe: 141 Stellplätze*

Arles
Auf dem Weg zur neuen Kunsthauptstadt

Man nehme: römische Antike, maroden Mittelaltercharme und Van-Gogh-Romantik, würze sie mit feurigen Stierkämpfen und einem ultramodernen Kunstprojekt. Heraus kommt der perfekte Kulturmix von Arles, das zwar zu den ältesten Städten Frankreichs gehört, aber in den letzten Jahren eine wahre Verjüngungskur erfahren hat. Hier kannst du auf den Spuren Vincent van Goghs wandeln, einen glitzernden Kristallturm entdecken und in entspannten Restaurants schmausen.

P *Kostenlose Parkplätze am Chemin des Murailettes, ca. 10 Min. von der Altstadt (GPS: 43.673208, 4.634139).*

FUTURISTISCH

Der glitzernde Turm des LUMA-Campus überragt die ganze Stadt.

AKTIVITÄTEN & SIGHTSEEING

1 Vincents Spuren folgen

Welches Café besuchte van Gogh, wo malte er sein berühmtes Rhône-Gemälde, wo landete er, nachdem er sein Ohr abgeschnitten hatte? Auf einer Rundtour kannst du mithilfe einer im **Office de Tourisme** erhältlichen Karte und den dazugehörigen Bildern die Originalorte des Malers entdecken. Besonders schön: der nach van Goghs Zeichnungen restaurierte Garten des ehemaligen Krankenhauses an der Place Félix Rey. *Infos: Karte im Office de Tourisme | tgl. | 9, boulevard des Lices | Arles*

2 Das römische Amphitheater bewundern

Mit einem Fassungsvermögen von 26 000 Zuschauern ist die Arena eins der größten römischen Amphitheater und trotz andauernder Restaurierung bis heute im Vollbetrieb. Wo früher Gladiatoren im Ring standen, jagen heute Stiere den *raseteurs* beim unblutigen Stierkampf hinterher. Wer die Chance hat, dieses Spektakel mitzuerleben, sollte sich das nicht entgehen lassen! *Infos: Arena von Arles | Stierkampfsaison: Ostern–Okt., im Sommer wöchentlich | ab 7 € | arenes-arles.com*

3 Durch den Kreuzgang der Kathedrale wandeln

Es staunen nicht nur Geschichtsfans über den wunderschön gearbeiteten Kreuzgang des Klosters oder das überreich verzierte Portal von **Saint-Tro-**phime aus dem 12. Jh., das sogar zum UNESCO-Weltkulturerbe gehört. *Infos: Kreuzgang Mai–Sept. tgl. 9–19, März, April u. Okt. 9–18, Nov.–Febr. 10–17 Uhr | 5,50 € | Place de la République | Arles*

4 Das moderne Kulturprojekt LUMA Arles entdecken

Wie ein glitzernder Kristall ragt Frank O. Gehrys avantgardistischer Turm des LUMA-Campus über die Dächer der Stadt – was hier in den letzten Jahren entstanden ist, katapultiert das verschlafene Arles in die Sphären einer Kunsthauptstadt. Der Ort auf dem ehemaligen Werksgelände der Bahn versteht sich als Kulturstätte zwischen Kunst, Forschung und Umwelt, weshalb du neben dem Turm auch Ausstellungen, Ateliers und den Park besuchen kannst. *Infos: Mi–Mo*

REGENTAG – UND NUN?

5 Hauptsache van Gogh

An Vincent van Gogh kommt man in Arles kaum vorbei – kein Wunder, fast 400 Werke entstanden hier in der Stadt. Ewig gab es hier jedoch kein einziges Original, was sich erst mit der **Fondation Vincent van Gogh Arles** änderte, die ein spätmittelalterliches Palais zum Museum für den Maler umbaute, das heute seine Meisterwerke zeitgenössischer Kunst gegenübergestellt. *Infos: tgl. 10–18 Uhr | 10 € | 35, rue du Dr Fanton | Arles | fondation-vincentvangogh-arles.org*

10–18 Uhr | Eintritt frei nach Reservierung | Parc des Ateliers, 35 avenue Victor Hugo | Arles | luma.org

ESSEN & TRINKEN

6 Le Criquet

Im urigen Restaurant von zwei charmanten Schwestern bekommt ihr hervorragend abgestimmte, provenzalische Menüs, die auch Vegetarier glücklich machen! Besonders die Desserts sind der Knaller! *Infos: Di–Sa | 21, rue Porte de Laure | Arles | Tel. +33 4 90 96 80 51 | Reservierung empfohlen | €–€€*

7 La Gueule de Loup

Im Sommer sitzt du in einer kleinen Nebenstraße auf der schattigen Terrasse oder erklimmst die steilen Stufen zum gemütlichen Speisesaal, in dem mediterrane Fusion-Küche in ungewöhnlichen

Arrangements auf den Tisch kommt. *Infos: Fr–Di | 39, rue des Arènes | Arles | Tel. +33 4 90 96 96 69 | €€*

EINKAUFEN

8 Librairie Actes Sud

Die Flagship-Bücherei des gleichnamigen Independent-Verlages vereint als Kulturzentrum Buchhandlung, Programmkino, Lesungen, Restaurant und sogar ein Hammam unter einem Dach. Perfekt zum stundenlangen Stöbern und Shoppen! *Infos: Mo–Sa | 47, rue du Dr. Fanton | Arles*

Insider-Tipp Culture Chill-out *Im Restaurant L'Entrevue der Librairie Actes Sud (lentrevue-restaurant.com) gibt's auf der chilligen Terrasse leckere französisch-marokkanische Spezialitäten!*

GESELLIG

Im Van Gogh Café saß einst Vincent und beobachtete das städtische Treiben.

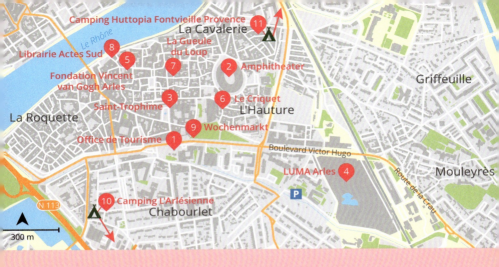

9 Großer Wochenmarkt

Auf dem größten Markt der Provence (seit dem 16. Jh.!) reihen sich mehr als 450 Stände mit Gemüse, Obst, Käse, Fisch, Wurst und Co. einmal um die gesamte Altstadt – dieses Treiben darf man nicht verpassen! *Infos: Mi u. So 8–13 Uhr auf den Boulevards des Lices, Georges-Clemenceau und Émile-Combes (nur Mi)*

STELL- & CAMPINGPLÄTZE

10 Gemütlicher Platz für unkomplizierte Camper

Wenn du einen einfachen Platz suchst, auf dem es leger und familiär zugeht, bist du hier richtig. Der Platz ohne viel Schnickschnack bietet teils sonnige, teils schattige Stellplätze für deinen Camper. Lust auf einen Ausflug in die Stadt? Kein Problem, Arles ist mit dem Fahrrad oder Bus sehr gut zu erreichen. Für das leibliche Wohl ist im Restaurant auf dem Platz bestens gesorgt, Snacks und sonstige Lebensmittel sind im Minimarkt erhältlich.

Camping L'Arlésienne 🐾

€ | 149, draille Marseillaise | Arles
Tel. +33 4 90 96 02 12 | camping-larlesienne.com
GPS: 43.658996, 4.655074

▸ **Größe:** *96 Stellplätze, Mobile-Homes*
▸ **Ausstattung:** *Minimarkt, Restaurant, Pool*

11 Für Naturliebhaber

Stellplätze im Schatten des Pinienwaldes, den Geruch des Südens in der Nase und den Gesang der Zikaden im Ohr – hier ist Lieblingsplatzpotenzial garantiert! Du hast die Wahl zwischen naturnahen Zelten oder komfortablen Chalets. Auch für Wohnmobile und Vans gibt es großzügige Parzellen. Dank des schönen Pools und der Sportangebote kommt keine Langeweile auf – willst du trotzdem mal raus, lässt sich die Umgebung mit Mietfahrrädern erkunden.

Camping Huttopia Fontvieille Provence 😊

€€ | Rue Michelet | Fontvieille
Tel. +33 4 90 54 78 69 | europe.huttopia.com/site/camping-fontvieille-provence
GPS: 43.723356, 4.718971

▸ **Größe:** *148 Stellplätze, Chalets*
▸ **Ausstattung:** *Pool, Restaurant, Minibar*

Spot 8

Camargue
Zu Gast bei Cowboys, Pferden und Flamingos

Wilde Stiere, rassig-elegante Pferde, kernige Cowboys und endlose Weite – klingt nach Wildem Westen? Ist aber die Camargue! Zwischen Grand und Petit Rhône erstreckt sich ein Delta aus Reisfeldern, Sumpfgebieten und Salzgärten, das für Vögel ein wahres Eldorado ist – Flamingos gibt es hier nicht nur auf Postkarten! Der größte Ort der Region ist Saintes-Maries-de-la-Mer, das mit seiner Liebe zum unblutigen Stierkampf einen ganz eigenwilligen Charme hat.

FLORIDA-STYLE

Im Parc Ornithologique hast du beste Aussichten auf rosa Flamingos.

AKTIVITÄTEN & SIGHTSEEING

1 Auf Camargue-Schimmeln durch die Natur reiten

Auf dem Rücken der Pferde zwischen den Stieren durch die Salzwiesen reiten? Oh ja! Auf dem Gestüt der **Manade Bon** kannst du auf gut trainierten Pferden exklusive Ausritte in Kleingruppen unternehmen und der Natur ganz nah sein. *Infos:* Le Mas de Peint | Route de Salin-de-Giraud | Arles | 60 € für 2 Std. | Reservierung mind. 1 Tag vorher, Tel. +33 4 90 97 20 62 | masdepeint.com

2 Beim Stierkampf in der Arena mitfiebern

Der Stier schnaubt, scharrt mit den Hufen und rast los – was woanders tödlich endet, findet in der Camargue ohne Blutvergießen statt. Bei der *Course camarguaise,* dem Stierkampf, müssen die *raseteurs* Pompons, Bänder und Ringe von der Hörnern der Stiere klauben, die in der Region wie Stars gefeiert werden. *Infos:* Arena von Saintes-Maries-de-la-Mer | April–Nov., im Sommer wöchentlich | 12 € | arenesdessaintesmariesde lamer.com

3 Durch Saintes-Maries-de-la-Mer bummeln

Einmal im Jahr pilgern bunt staffierte Roma-Mamas, *gardiens* zu Pferd und Straßenmusiker aus aller Welt zur Wallfahrt der Sinti und Roma am 24./25. Mai nach Saintes-Maries-de-la-Mer. Das restliche Jahr geht es ebenso turbulent zu, denn im Sommer kann man durch die Fußgängerzone bummeln, nach Souvenirs stöbern oder sich in einem der vielen Cafés niederlassen.

Insider-Tipp
Hoch hinaus
*Den Massen entkommst du **auf dem Dach der Kirche** und genießt den Ausblick auf den Trubel (tgl. 8–18, Dachterrasse 10–12 u. 14–17 Uhr | 2,50 €).*

4 Flamingos und Co. beobachten

Was ist rosa und stakst auf zwei Beinen? Richtig, die Flamingos im **Parc Ornithologique de Pont de Gau!** Diese und bis zu 340 weitere Vogelarten kannst du mit Glück bei einem Spaziergang beobachten, denn die unterschiedlichen Ökosysteme des Parks sind für die gefiederten Freunde ein riesiges All-you-can-eat-Büfett. *Infos: tgl. 9–18 Uhr | 6 €, Kinder bis 12 J. 4 € | D 570 Lieu dit Pont de Gau, GPS: 43.488019, 4.404324 | Saintes-Maries-de-la-Mer | parcornithologique.com*

ESSEN & TRINKEN

5 Chante Clair

In dem kleinen Restaurant eines jungen Teams sitzt du auf abgewetztem Mobiliar im Shabby-Chic, die Weinkarte kommt daher wie ein Comicheft, und die Küche kombiniert lokale Produkte mit ungewöhnlichen Konzepten. Lecker und überraschend! *Infos: Mi–Mo | 3, place des Remparts | Saintes-Maries-de-la-Mer | Tel. +33 4 90 99 72 78 | €€*

6 Bar de l'étang

Abseits des Zentrums versteckt sich ein waschechter Geheimtipp – in dem Straßencafé-ähnlichen Restaurant am Étang des Launes gibt's fangfrischen Fisch direkt vom Grill und eine riesige Auswahl an Meeresfrüchten, Muscheln und Co. *Infos: tgl. | 30, chemin des Macreuses | Saintes-Maries-de-la-Mer | Tel. +33 6 14 95 06 58 | €*

7 Restaurant Mas de Peint

Stiere sind nicht nur in der Arena die Leidenschaft der Menschen, sondern spielen auch in der Küche eine große Rolle. Im Restaurant der eleganten Manade Bon wird Fleisch der eigenen Stiere mit Gemüse aus dem Garten zu traditionellen Gerichten mit modernem Touch verarbeitet. *Infos: Mai–Nov. tgl. | Route de Salin-de-Giraud | Arles | Tel. +33 4 90 97 20 62 | Reservierung notwendig | masdepeint.com | €€€*

8 Brasserie Le Radeau

Kräftige Hände, die Gitarrensaiten zupfen, und von der Sonne gegerbte Gesichter, die sehnsuchtsvollen, provenzalisch-französischen Folkloregesang hervorbringen – in der Brasserie Le Radeau kannst du tief ins Lebensgefühl der *camarguais* eintauchen. Dazu gibt's Tapas, Snacks und süffige Cocktails. Nicht wundern, wenn die französischen Damen plötzlich aufspringen und eine kesse Sohle aus Parkett legen! *Infos: tgl. | 7, place des Remparts | Saintes-Maries-de-la-Mer | le-radeau.com | €€*

EINKAUFEN

9 Mas de Valériole

Seit drei Generationen werden auf dem Hof von Familie Michel Produkte aus der Camargue biologisch angebaut: roter Reis, Sonnenblumen sowie Wein. Dieser ist so gut, dass er – als Geheim-

BEACHLIFE

An der Plage de Piémanson genießt du grenzenlose Campingfreiheit.

tipp unter Kennern – selbst in Paris ausgeschenkt wird. *Infos: Weinkeller Mo–Fr 9–12 u. 15–19, Sa 15–19 Uhr | Gageron, Route D36B | Arles | Tel. +33 4 90 97 10 41 | masdevaleriole.com*

STELL- & CAMPINGPLÄTZE

10 Nettes Feriendorf mit direktem Strandzugang

Am Morgen gleich ins erfrischende Wasser hüpfen und danach ein köstliches Frühstück mit Baguette direkt auf dem Campingplatz genießen ... Bei einem Glas regionalen Weins vor dem eigenen Womo ist auf den Stellplätzen mit Meerblick die untergehende Sonne das Sahnehäubchen nach einem erholsamen Campingtag.

Camping Sunêlia le Clos du Rhône 😊❈

€€ | Route d'Aigues Mortes | Saintes-Maries-de-la-Mer Tel. +33 4 90 97 85 99 | camping-leclos.fr GPS: 43.449970, 4.401745

▶ **Größe:** *260 Stellplätze, Mobile-Homes*
▶ **Ausstattung:** *Restaurant, Minishop, Aquapark, Strandzugang, Animation, Pool, Wasserrutsche*

11 Moderner Camping mit Nachhaltigkeitsfokus

Kaum sonst wird auf Vielfalt so viel Wert gelegt wie beim Camping Les bois flottés – von den Übernachtungsmöglichkeiten über die Umgebung bis hin zu Aktivitäten werden hier Camperträume wahr. Die Mischung aus moderner Gestaltung und dem besonderen Design mit Treibholz schaffen eine besonders chillige Atmosphäre direkt am Mittelmeer. Wer ohne Zelt oder Wohnmobil anreisen möchte, kann es sich in einem der Öko-Zelte, Öko-Lodges oder einem Mobile-Home gemütlich machen. Und wenn der Magen knurrt, gibt's Steak vom Stier und andere Spezialitäten der Region im Restaurant!

Camping Les bois flottés de Camargue 😊

€€ | Route de la Mer | Arles Tel. +33 4 90 58 25 09 | camping-les-bois-flottes.fr GPS: 43.412780, 4.739913

▶ **Größe:** *80 Stellplätze, Mobile-Homes*
▶ **Ausstattung:** *Pool, Restaurant, Bar, Minimarkt*

ZIEHHARMONIKA

Vor den Toren von Sisteron bäumt sich der zerklüftete Rocher de la Baume auf.

Tour C

Dramatischer Canyon und betörend duftende Plateaus
Von Sisteron nach Grasse

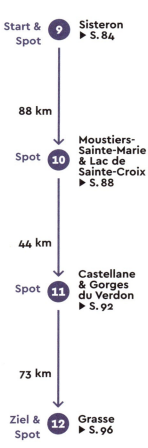

Start & Spot 9 **Sisteron** ▶ S. 84

88 km

Spot 10 **Moustiers-Sainte-Marie & Lac de Sainte-Croix** ▶ S. 88

44 km

Spot 11 **Castellane & Gorges du Verdon** ▶ S. 92

73 km

Ziel & Spot 12 **Grasse** ▶ S. 96

Outdoor-Fans, aufgepasst: Diese actionreiche Tour ist für euch! Hier könnt ihr euch beim Canyoning in die rauschenden Fluten des Verdon stürzen oder über steile Stufen in die Schlucht hinabwandern, mit dem Elektroboot über den Lac de Sainte-Croix schippern und euch in Badegumpen erfrischender Bergflüsse tummeln. Zwischendrin besucht ihr niedliche Altstädte, schnuppert die Düfte der Provence in Grasse oder schaukelt entspannt im 2CV durch die duftenden Lavendelfelder von Valensole.

Strecke 205 km

Reine Fahrzeit 4 Std. 20 Min.

Streckenprofil Recht unterschiedlich mit kurzen Abschnitten auf der Autobahn, größtenteils auf ausgebauten Landstraßen; hoher Anteil an Straßen mit Serpentinen und einige Steigungen an den Gorges du Verdon.

Empfohlene Dauer 6 Tage

Anschlusstour
D E

FACTS

Tour C
im Überblick

9 Sisteron
Seite 84

Le Castellard-Mélan
La Javie
Noyers-sur-Jabron
Bevons
La Robine-sur-Galabre
Le Brus
Châteauneuf-Miravail
Salignac
Thoard
Draix
Valbelle
Peipin
Sourribes
Marcoux
Archail
Aubignosc
Volonne
Barras
Digne-les-Bains
Châteauneuf-
Val-Saint-Donat
A 51
L'Escale
Champtercier
La Bléone
Mallefougasse-
Augès
Mirabeau
Aiglun
Entrages
Cruis
Montfort
Malijai
Mallemoisson - Les Grillons
Lardiers
Montlaux
Les Mées
Châteauredon
Ongles
Peyruis
Mézel
Beynes
Fontienne
Sigonce
Puimichel
Chaudon-Norante
Lurs
Saint-Jeannet
Estoublon
Forcalquier
Pierrerue
Le Castellet
Entrevennes
Saint-Jurs
Majast
Niozelles
Moulin à huile Paschetta Henry
Mane
Villeneuve
Brunet
Parc natur
Dauphin
Volx
Puimoisson
régional
du Verdo
Saint-Martin-
les-Eaux
Valensole
10
Manosque
Roumoules
La Pal
sur-Verd
Montfuron
Riez
Pierrevert
Allemagne-en-Provence
Montagnac
Sainte-Tulle
A 51
Sainte-Croix-du-Verdon
Corbières-en-
Provence
Saint-Martin-de-Brômes

Moustiers-Sainte-Marie & Lac de Sainte-Croix
Seite 88

Quinson
Artignosc-sur-Verdon
7 km
Saint-Julien-le-Montagnier
Vérign
Ginasservis

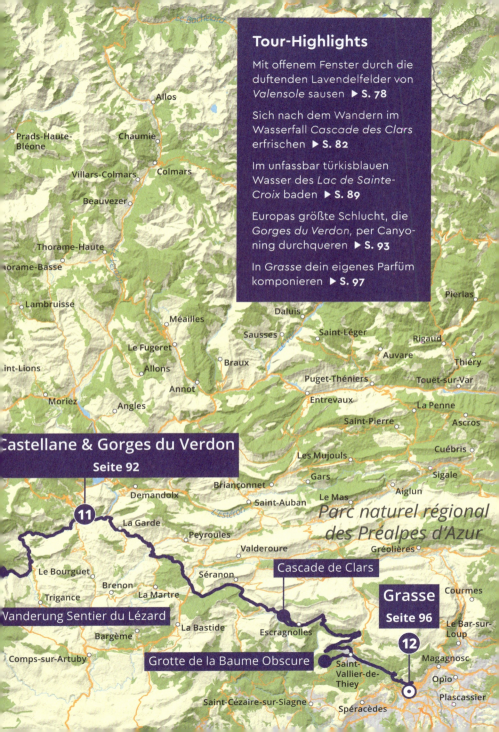

Tour-Highlights

Mit offenem Fenster durch die duftenden Lavendelfelder von *Valensole* sausen ▶ **S. 78**

Sich nach dem Wandern im Wasserfall *Cascade des Clars* erfrischen ▶ **S. 82**

Im unfassbar türkisblauen Wasser des *Lac de Sainte-Croix* baden ▶ **S. 89**

Europas größte Schlucht, die *Gorges du Verdon*, per Canyoning durchqueren ▶ **S. 93**

In *Grasse* dein eigenes Parfüm komponieren ▶ **S. 97**

Castellane & Gorges du Verdon
Seite 92

Parc naturel régional des Préalpes d'Azur

Cascade de Clars

Grasse
Seite 96

Wanderung Sentier du Lézard

Grotte de la Baume Obscure

Start & Spot ⑨ **Sisteron**
Willkommen in der Haute-Provence! ▶ S. 84

38 km Folge der D4085 nach Süden und nimm am ersten Kreisverkehr die Straße Richtung Autobahn, woraufhin du die Durance ein erstes Mal überquerst. Den anschließenden Kreisverkehr verlässt du an der ersten Ausfahrt und ziehst ein Ticket für die Autobahn A51, die dich in Richtung Süden nach kurzer Strecke wieder die Durance überqueren lässt. Nach 31 Kilometern verlässt du die Autobahn an der Ausfahrt 19 – La Brillanne, hältst dich rechts und überquerst auf der D4B wieder die Durance. Die D4B geht am nächsten Kreisverkehr, den du an der zweiten Ausfahrt verlässt, in die D4 über, wo du nach wenigen Metern rechter Hand eine Ölmühle erreichst.

Moulin à huile Paschetta Henry

Das unscheinbare Dorf **Oraison** ist bekannt für sein samtschweres Olivenöl, das im Tal der Durance gewonnen wird. Eine der bekanntesten Ölmühlen, Paschetta Henry, befindet sich im Kellergewölbe einer Mühle, die noch heute (allerdings mit neueren Maschinen) in Betrieb ist. Im kleinen Laden stehen um die alten Mahlsteine verteilt Kanister mit frisch gepresstem Öl, Gläser mit eingelegten Oliven und große Blöcke hausgemachter Seife.

ℹ️ Mo–Sa 9.30–12 u. 14–18.30 Uhr | Moulin à huile Paschetta Henry | 4, avenue Charles Richaud | Oraison

17 km Die D4 bringt dich nach Süden raus aus Oraison. Nach knapp 5 Kilometern überquerst du die Asse, einen Seitenfluss der Durance, und biegst kurz hinter der Brücke rechts ab auf die D15, der du in Richtung Valensole folgst. Die D15 führt dich hinauf an den Rand des Durance-Tals und verwöhnt dich mit schönen Ausblicken. Nach zahlreichen seichten Kurven und den ersten Lavendelfeldern erreichst du schließlich Valensole.

Valensole

Früher rein landwirtschaftliche Fläche, wird das verschlafene **Plateau de Valensole** heute jedes Jahr zwischen Juli und August zum Hotspot der Schnappschussjäger und Influencer. Dann wogen die blühenden

Lavendelfelder wellenförmig bis zum Horizont, alles schimmert in sanftem Lila, und die Region um das verschnörkelte Dorf wird von Touristen bevölkert. Trotz Instagram-Hype solltest du einen kurzen Zwischenstopp auf dem Plateau einlegen, durch das Dorf spazieren und dann deine Reise über die weiten Lavendelfelder fortsetzen.

P *Kostenlose Parkplätze gibt es in der Avenue Segond (GPS: 43.838516, 5.989008), jedoch kann es zu Blühzeiten des Lavendels hier ziemlich voll werden. Sehr große Wohnmobile parken besser bei den Reisebussen (GPS: 43.842257, 5.981566).*

Insider-Tipp
Lilafarbene Erfrischung

*Im **Comptoir de Valérie** in Valensole (Di–So | 3, place des Héros de la Résistance) gibt es superfrisches Lavendeleis mit Honig aus den Bergen – köstlich!*

3,5 km Valensole kannst du in verschiedene Richtungen verlassen, solltest dies jedoch in Richtung Nordost auf der D8 tun, um den nächsten Fotospot zu erreichen.

◎ *Route 66 meets Lavendelfelder – auf der schnurgeraden Landstraße D8 reicht die lila Blütenpracht von Ende Juni bis Mitte August so weit das Auge reicht (GPS: 43.860181, 6.003682).*

LILA LAUNE …

… macht im Sommer eine Fahrt durch das Plateau de Valensole.

VOM STEIN GEFANGEN

Die romantische Stimmung von Moustiers-Sainte-Marie verzaubert.

20 km | Nach den Fotos geht's weiter auf der D8 Richtung Osten, an deren Ende du rechts auf die D953 in Richtung Puimoisson abbiegst. Nach wenigen Kilometern verlässt du die D953 in Puimoisson wieder und folgst nun der D56 in Richtung Moustiers. Die D56 geht nach etwa fünf Kilometern in Richtung Osten in die D952 über, die dich direkt nach Moustiers führt.

Spot 10

Moustiers-Sainte-Marie & Lac de Sainte-Croix
Uriges Dörfchen und imposanter See ▶ **S. 88**

8 km | Du verlässt Moustiers auf der D952 in Richtung Süden und erreichst, der Straße und so mancher Kurve folgend, nach etwa acht Kilometern deinen nächsten Fotospot.

📷 *Während du dich in sanften Kurven immer höher schraubst, erscheint auf einmal der türkisblaue See zu deiner Rechten, in dem winzige Boote wie kleine Ameisen schippern. Bei einer Haltebucht (Belvédère Lac de Sainte-Croix | GPS: 43.803829, 6.253915) kannst du kurz anhalten und ein unvergessliches Foto des Panoramas machen.*

19 km | Weiter geht die kurvenreiche Fahrt auf der D952, und hinter mancher Biegung eröffnet sich zumindest auf den ersten neun Kilometern immer wieder ein atemberaubender Blick auf den Verdon bzw. für den Beifahrer auch in den Abgrund. Hinter La Palud sur Verdon kannst du dich für den noch atemberaubenderen Abstecher der als Rundtour verlaufenden Route des Crêtes/D23 entscheiden (▶ S. 93) oder du folgst der D952 bis zum ausgeschilderten Parkplatz an der Straße, den du nach 19 Kilometern erreichst.

Wanderung Sentier du Lézard

Alle, die während der Fahrt nicht genug vom spektakulären Canyon bekommen, können auf dem Weg nach Castellane beim Parkplatz am **Point Sublime** halten und die kurze Wanderung Sentier du Lézard bis zum Aussichtspunkt machen. Bis zur Plattform sind es etwa 30 Minuten zu Fuß über steiniges Gelände, daher besser festes Schuhwerk anziehen. Sobald man am Rand steht, die Klippen hinabschaut und den schäumenden Fluss sowie die aufgetürmten Felsen sieht, kann man nur noch staunen – bloß schwindelfrei sollte man sein!

 Der Parkplatz für die Wanderung Sentier du Lézard und Blanc Martel befindet sich direkt an der Route de Moustiers (GPS: 43.794109, 6.398459).

17 km | Weiter geht die berauschende Fahrt auf der D952, die dich Stück für Stück hinab ins Tal des Verdon führt. Hin und wieder klaffen Felsvorsprünge über die Straße, während rechts von dir der Verdon in die entgegengesetzte Richtung fließt. Schließlich weitet sich das Tal und du erreichst Castellane.

Spot **11** **Castellane & Gorges du Verdon**
Das Mekka für Outdoor-Fans ▶ **S. 92**

35 km | Nun heißt es Abschied nehmen vom Verdon, denn die D4085 führt dich Richtung Südosten durch die wunderschöne Berglandschaft der Alpenausläufer an der Grenze zwischen den Departements Alpes-de-Haute-Provence und Var, der bereits Napoleon gen Norden folgte. Die D4085 geht in die D6085 über, und nach etwa 32 Kilometern biegst du bei **Escragnolles** rechts ab, um kurz vor der Kirche

(Eglise Saint-Pons) wieder rechts abzubiegen und nach weiteren knapp zwei Kilometern den Parkplatz Les Galants zu erreichen.

Cascade de Clars

Kurz bevor es von der Haute-Provence hinab zur Côte d'Azur geht, ist neben der Route Napoléon ein verstecktes Naturparadies zu entdecken. Stell deinen Camper am besten auf dem Parkplatz bei **Les Galants** ab, pack die Badesachen ein und mach für etwa 20 Minuten auf den Weg durch ein Wäldchen hinein in die karge Bergwelt. Am Ende warten türkisgrüne Badegumpen und der traumhafte Wasserfall Cascade de Clars auf dich, der wie durch Zauberwerk aus dem Fels geschossen kommt.

P *Am Fuße des Wanderweges befindet sich ein kostenloser Parkplatz in **Escragnolles** (GPS: 43.736919, 6.763320).*

Insider-Tipp

Piquenique à la française

Mach es den französischen Locals nach, nimm ein paar Knabbereien, Tapenade und Käse mit und mach es dir an der Cascade de Clars gemütlich.

22 km   Zunächst geht's zurück zur D6085, die du nach knapp 16 Kilometern im ersten Kreisverkehr in Saint-Vallier-de-Thiey rechts abbiegend auf die D5 verlässt. Der nächste Kreisverkehr folgt nur 300 Meter weiter. Hier biegst du wieder nach rechts ab und folgst dem Chemin de Sainte-Anne für weitere drei Kilometer, bis du die Grotte de la Baume Obscure erreichst.

Grotte de la Baume Obscure

Wolltest du schon immer mal wie Indiana Jones durch eine mysteriöse Höhle pirschen und einen geheimen Schatz finden? In der beeindruckenden Tropfsteinhöhle Grotte de la Baume Obscure können kleine und große Forscher auf Schatzsuche gehen und in den bunt beleuchteten Gängen bei atmosphärischen Sounds nach dem Goldschatz suchen. Nicht nur für Kids ein großer (Abenteuer-)Spaß!

ℹ️ Juni–Aug. tgl. 10–18 Uhr, Sept., Mai Di–So Kernöffnungszeiten 10–16.30 Uhr | 2600, chemin de Sainte-Anne | Saint-Vallier-de-Thiey | GPS: 43.693193, 6.8144248 | baumeobscure.com

16 km | Nach deinem Besuch in der Grotte fährst du auf dem Chemin de Sainte-Anne zurück in den Ort **Saint-Vallier-de-Thiey.** Den am Ende des Chemin de Sainte-Anne gelegenen Kreisverkehr passierst du Richtung Nordosten auf die D5. Nach 300 Metern biegst du die erste Ausfahrt nehmend rechts auf die D6085 ab. Dieser folgst du für etwa elf Kilometer, bis du vielleicht schon von Parfümdüften träumend Grasse erreichst.

Ziel &
Spot **12** | **Grasse**
Zu Besuch im Reich der Düfte ▶ **S. 96**

Optionaler Anschluss: Tour D, Tour E

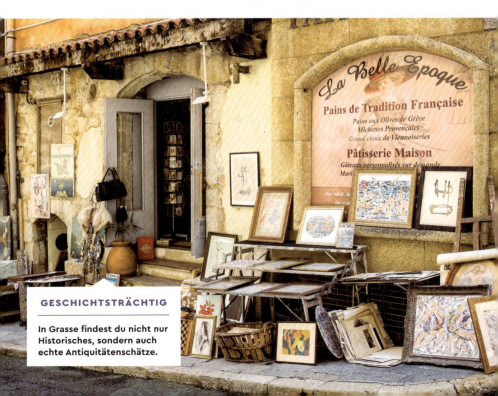

GESCHICHTSTRÄCHTIG

In Grasse findest du nicht nur
Historisches, sondern auch
echte Antiquitätenschätze.

Spot 9

Sisteron
Willkommen in der Haute-Provence!

Jahrhundertelang kam niemand an Sisteron vorbei, der von den Alpen durch das Tal der Durance in den Süden wollte – nicht umsonst wird das beschauliche Städtchen seit eh und je „Pforte zur Provence" genannt. Neben einer kulinarischen Besonderheit (ab hier wird traditionell mit Olivenöl statt mit Butter gekocht) gibt es einiges zu entdecken: Freu dich auf eine imposante Zitadelle, Retro-Ausflüge mit der „Ente" und natürlich das zarte Sisteron-Lamm!

P *Kostenloser Parkplatz hinter dem Friedhof, auch für die Übernachtung geeignet (GPS: 44.199119, 5.939668).*

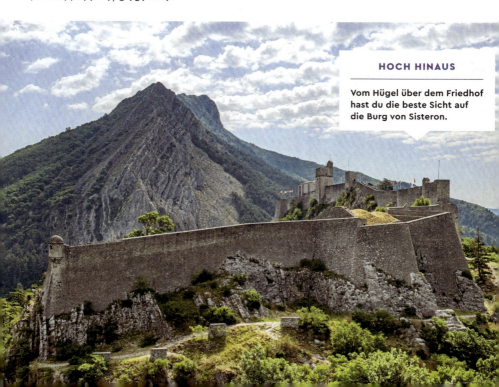

HOCH HINAUS

Vom Hügel über dem Friedhof hast du die beste Sicht auf die Burg von Sisteron.

AKTIVITÄTEN & SIGHTSEEING

① Durch die mittelalterliche Zitadelle streifen

Hoch über der Schlucht der Durance thront die gewaltige Zitadelle von Sisteron, die jahrhundertelang die Passage zwischen Alpen und Provence bewachte. Der berühmteste Durchreisende war Napoleon, an den das Festungsmuseum erinnert, von dessen Brüstung du den zerklüfteten Felsen **Rocher de la Baume** bestaunen kannst.

Insider-Tipp

Aussicht für lau *Vom Hügel oberhalb des Friedhofs hast du eine fantastische Sicht auf die Burg, das sattgrüne Tal der Durance und die schneebedeckten Alpen.*

② Auf dem Circuit de la Vielle Ville die Altstadt erkunden

Die mittelalterliche **Kathedrale,** die verschnörkelte **Tour de L'Horloge,** die düsteren Tunnelgassen **Andrônes** – Sisteron hat einiges zu bieten. Beim Rundgang durch die Altstadt entdeckst du die wichtigsten Bauwerke – folge einfach den blauen Schildern des *Circuit de la Vielle Ville!* Startpunkt ist am **Office de Tourisme.** *Infos: Startpunkt am Office du Tourisme | 1, place de la République | Sisteron*

③ Mit der „Ente" durch die Haute-Provence cruisen

Lust auf pures Retro-Gefühl? Wie wäre es mit zwei Pferdestärken, die dich mit offe-nem Verdeck durch die Landschaft kutschieren? Eine Ausfahrt mit der „Ente", dem legendären **Citroën 2CV** *(deux chevaux),* durch die Lavendelfelder ist ein besonderes Highlight. Zugegeben, der Preis ist kein Schnäppchen, aber mehr Frankreich-Feeling geht kaum! *Infos: Oldtimerverleih Les belles lurettes | Salignac | ab 79 € | Tel. +33 7 85 14 72 45 | lesbelles lurettes.fr*

④ In die Badegumpen der Gorges de la Méouge hüpfen

Außerhalb der Stadt findest du Abkühlung in der Sommerhitze: Unter einer mittelalterlichen Brücke kannst du in den Gorges de la Méouge in Badewannen-ähnliche Pools eintauchen oder den Fluss hinabwandern – eine herrliche Er-

REGENTAG – UND NUN?

⑤ Eintauchen in die Vergangenheit

Genau das Richtige für Geschichtsfreaks und einen Regentag: Im **Musée gallo-romain** erfährst du alles über die gallisch-römische Vergangenheit von Sisteron, kannst einzigartige Fossilien aus den Bergen der Region entdecken und im neu geschaffenen Kulturraum sogar Wechselausstellungen von berühmten modernen Künstlern wie Victor Vasarely bestaunen. *Infos: Di–Sa 14.30–19 Uhr, Juni–Sept. tgl. 14.30–19 und Di–Sa 10.30–12.30 Uhr | Eintritt frei | 8, rue Saunerie | Sisteron*

frisching an heißen Sommertagen! **Infos:** *Pont médieval de Château-neuf-de-Chabre, GPS: 44.276935, 5.795828 | Entfernung 17 km*

ESSEN & TRINKEN

6 L'Oppidum

Im elegant gestalteten Restaurant kommt typisch provenzalische Küche (Sisteron-Lamm!) auf den Tisch, die modern zubereitet und ansprechend präsentiert wird. Preislich liegt es im mittleren Segment, kommt optisch und geschmacklich aber gehobener Küche nahe. **Infos:** *Mi–Mo | 136, rue de Provence | Sisteron | Tel. +33 4 92 32 14 41 | loppidum-restaurant-sisteron.com | €€*

7 Il était une fois …

Es war einmal … ein lauer Sommerabend, dazu ein kühles Glas Weißwein und ein hervorragend abgestimmtes Drei-Gänge-Menü aus lokalen Zutaten. So sehen Urlaubsabende auf der netten Terrasse des Restaurants in der Innenstadt aus, an die man sich gerne erinnert. **Infos:** *Di–Sa | 39, avenue Paul Arène | Sisteron | Tel. +33 9 83 46 60 41 | Reservierung empfohlen | iletaitunefois-sisteron.fr | €€*

EINKAUFEN

8 Boucherie Marie et Jean

In der Feinkostmetzgerei bekommst du das zarte Sisteron-Lamm, das nomadisch auf den Wiesen der Hochprovence aufwächst und im ganzen Land für sein feines Aroma bekannt ist. Tipp: mit Rosmarinkartoffeln auf dem Campinggrill zubereiten! **Infos:** *Di–Sa | 46, rue Droite | Sisteron*

9 Markt auf der Place de l'Horloge

Bunte Schirme, duftendes Obst, lebhaftes Treiben – jeden Mittwoch und Samstag kommen lokale Produzenten aus der Region und bringen frische Waren in die

BESCHATTET

Unter Bäumen stehst du auf dem Camping Les Prés Hauts nahe der Durance.

Stadt. Dann kannst du eingelegte Oliven naschen, frisches Gemüse kaufen und durch das regionale Kunsthandwerk stöbern. *Infos: Mi u. Sa 8–14 Uhr | Place d'Horloge bis zur Avenue Paul Arène | Sisteron*

STELL- & CAMPINGPLÄTZE

10 Im Grünen mit Bergpanorama campen

Das Wohnmobil mal auf dem grünen, schattigen Campingplatz stehen lassen und in die Stadt hineinradeln oder -spazieren? Hier ist es möglich, aber auch der Platz selber und seine freundlichen Betreiber laden zum Verweilen ein. Brötchen und Baguette können für das Campingfrühstück bestellt werden, Snacks für zwischendurch bekommst du am Kiosk. Brennt die Mittagshitze mal besonders stark, wartet Abkühlung auf dich im Pool. An den Tischtennisplatten und auf den Volleyballfeldern kannst du Urlaubsfreundschaften schließen oder lässt mit einem guten Buch in der Hand einfach mal die Seele baumeln.

Camping Les Prés Hauts 🐾❄️

€ | 44, chemin des Prés Hauts | Sisteron
Tel. +33 4 92 61 19 69 | camping-sisteron.com
GPS: 44.214799, 5.936505

▶ *Größe: 120 Stellplätze, Mobile-Homes*

11 Aufwachen mit Lavendelduft in der Nase

Nach der Übernachtung in einer urigen Zelthütte den Blick über weite Lavendelfelder und idyllische Dörfer schweifen lassen oder vor der Bullitür die ersten ruhigen Morgenstunden genießen, bevor Leben einkehrt auf dem Platz – wenn das keine Traumvorstellung ist. Hier wird sie wahr, und zusätzlich überzeugen die freundlichen Besitzer, die spannende Poollandschaft und die malerische Umgebung. Ein Platz zum Verlieben, finden wir, und da Liebe ja bekanntlich durch den Magen geht, findest du Stärkung oder auch einen Aperitif an der Snackbar.

Camping Le Jas du Moine 😊

€€ | Jas du Moine | Salignac
Tel. +33 4 92 61 40 43 | camping-jasdumoine.com
GPS: 44.157296, 5.971156

▶ *Größe: 50 Stellplätze, Mobile-Homes u. Glamping-Zelte*

Spot  10

Moustiers-Sainte-Marie & Lac de Sainte-Croix
Uriges Dörfchen und imposanter See

Ein leuchtender Stern über der Stadt, ein glitzernder See zu ihren Füßen – Moustiers-Sainte-Marie trägt mit Recht und Stolz den Titel eines der schönsten Dörfer Frankreichs. Lass dich beim Bummel durch den niedlichen Dorfkern vom plätschernden Wildbach verzaubern und erklimme den Aussichtspunkt über den Dächern. Und danach lockt das nächste Highlight: ein Bade- und Bootsausflug zum türkis leuchtenden Lac de Sainte-Croix, dem zweitgrößten Stausee des Landes.

DIE RUHE SELBST

Mit Tretbooten oder SUP schipperst du gechillt durch die Gorges du Verdon.

AKTIVITÄTEN & SIGHTSEEING

❶ Durch die niedliche Altstadt von Moustiers stromern

Begleitet vom Plätschern des kleinen Wildbachs **Ravin de Notre-Dame**, der mitten durchs Dorf verläuft, kannst du durch die autofreien, schmalen Gassen von Moustiers spazieren, dabei einen Blick in die vielen Fayence-Ateliers werfen und hinterher auf einer der gemütlichen Café-terrassen am Ufer entspannen.

❷ Zur Chapelle Notre-Dame-de-Beauvoir aufsteigen

Wusstest du, dass der golden leuchtende Stern zwischen den zwei Felsvorsprüngen hinter Moustiers bereits aus dem 12. Jh. stammt? Über einen steilen, steingepflasterten Weg kannst du zur kleinen Kapelle auf dem Felsen über der Stadt klettern und dort sowohl den Stern aus der Nähe als auch die Aussicht bis zum Lac de Sainte-Croix bewundern.

Insider-Tipp

Fliegender Stern — *Die neueste Generation des Sterns wurde mit dem Helikopter aufgehängt – wie die Menschen das im Mittelalter schafften, ist bis heute ein Rätsel.*

❸ Mit dem Elektroboot durch die Schlucht gleiten

Ob per Kajak, SUP, Tretboot oder *bateau electrique* – eine **Bootstour** vom Lac de Sainte-Croix in die **Gorges du Verdon** hinein ist ein absolutes Muss. Vom offenen Teil türmten sich hinter der Brücke die Wände der Verdon-Schlucht zu beiden Seiten auf und unten lockt das glitzernde Wasser zum kühlen Bad. *Infos: Bootsverleih Aiguinautic, an der Plage du Galetas | GPS: 43.798746, 6.241164 | April–Sept. 10–18 Uhr | ab 40 €*

❹ Im Lac de Sainte-Croix baden

Geradezu unwirklich türkisfarben glitzert der zweitgrößte Stausee Frankreichs, für den vor 50 Jahren ein ganzes Dorf geflutet wurde – der See ist mittlerweile Hotspot diverser Wasseraktivitäten, eignet sich aber auch zum entspannten Planschen und Treiben auf dem Wasser. *Parken: campergeeigneter Parkplatz an der Plage du Galetas | GPS: 43.796885, 6.242521*

REGENTAG – UND NUN?

❺ Vorgeschichte schnuppern

Im hypermodernen **Musée de Préhistoire des Gorges du Verdon** des britischen Stararchitekten Sir Norman Foster kannst du mittels interaktiver Computeranimationen, Filmvorführungen, einer begehbaren Grotte und diverser animierter Ausstellungselemente das Leben der Menschen in der Vorgeschichte kennenlernen. *Infos: Mi–Mo, Juli/Aug. tgl. Kernöffnungszeiten 10–18 Uhr | 8 €, Kinder ab 6 Jahren 6 € | Route de Montmeyan | Quinson | musee prehistoire.com*

ESSEN & TRINKEN

6 La Treille Muscate

Direkt am Kirchplatz kannst du auf der wunderschönen Terrasse über dem plätschernden Wasserfall sitzen und dir fein abgestimmte Menüs schmecken lassen. Trotz bester Lage sind die Preise nicht überzogen und die Qualität spricht für sich. *Infos: Do–Di | Rue de l'Église | Moustiers-Sainte-Marie | Tel. +33 4 92 74 64 31 | restaurant-latreillemuscate.fr | Reservierung empfohlen | €€*

7 La Bastide de Moustiers

Wer sich ein wirklich außergewöhnliches Menü gönnen möchte, sollte sich (frühzeitig!) einen Tisch bei Frankreichs berühmtestem Starkoch Alain Ducasse sichern. Im mit Michelinsternen prämierten Restaurant werden köstlichste Kreationen mit Bio-Zutaten in feinteiligen Arrangements serviert. *Infos: tgl. | Chemin de Quinson | Moustiers-Sainte-Marie | Tel. +33 4 92 70 47 47 | bastide-moustiers.com | Reservierung obligatorisch | €€€*

8 Café Marguerite

Bier, Tapas und gute Weine – das junge Moustiers trifft sich im chilligen Marguerite zum geselligen Apéro. Dann wird auf dem Platz vor dem Café oder im lauschigen Innenhof auf den Feierabend angestoßen und frisches Brot in die Tapenade gestippt. *Infos: Mi–Mo | Rue de la Bourgade | Moustiers-Sainte-Marie | €*

EINKAUFEN

9 Faïence Bondil

Für seine Fayencen bekannt, bekommt man in Moustiers an jeder Ecke handbemalte Keramik. Besonders schön sind die zierlichen Schmuckstücke von Familie Bondil, deren Sujets von Land-

ZEIT FÜR APÉRO

Im Café Marguerite könnt ihr auf einen entspannten Urlaubsabend anstoßen.

schaften im klassischen Kobaltblau bis zu modernen Provence-Motiven reichen.
Infos: tgl. | Rue de l'Église | Moustiers-Sainte-Marie | faiencebondil.fr

STELL- & CAMPINGPLÄTZE

10 Authentisches Camping in traumhafter Lage

Du willst dich sofort zu Hause fühlen? Dann ab zum Camping Manaysse, der hilfsbereite Besitzer begrüßt seine Gäste gerne persönlich und spricht gut Englisch. Auf den schattigen Stellplätzen ist man bestens aufgehoben. Der traumhafte Blick über Moustiers-Sainte-Marie, die umliegenden Berge und die gute Anbindung machen den Platz zum wahren Campertraum. Für frische Brötchen am Morgen ist gesorgt (vorbestellen!).

Camping Manaysse ☼

€€ | 4, avenue Frédéric Mistral | Moustiers-Sainte-Marie
Tel. +33 4 92 74 66 71 | camping-manaysse.fr
GPS: 43.845083, 6.215055

▶ **Größe:** *97 Stellplätze, Mobile-Homes*
▶ **Ausstattung:** *Brötchenservice*

11 Familiengeführter Platz mit Hippie-Atmosphäre

Du magst es entspannt und unkompliziert? Auf dem Campingplatz Le Vieux Colombier kannst du gleich bei der Reservierung sagen, ob du lieber einen Stellplatz im Schatten der Bäume oder es lieber sonnig möchtest. Inhaber und Mitarbeiter stehen bei Fragen gerne zur Verfügung. Das terrassenartig angelegte Areal bietet genau die richtige Menge an Privatsphäre, aber auch ein Plausch mit den Campingnachbarn ist möglich. Zu Fuß geht ein Weg hinauf ins Dorf, und wenn du nach der Erkundungstour zurück auf den Platz kommst und der Platzherr auf der Gitarre spielt, kommt endgültig Hippie-Feeling auf.

Camping Le Vieux Colombier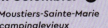

€ | Route de la Palud | Moustiers-Sainte-Marie
Tel. +33 6 05 42 40 74 | campinglevieux colombier.com
GPS: 43.839741, 6.221743

▶ **Größe:** *54 Stellplätze, Mobile-Homes*
▶ **Ausstattung:** *Minimarkt, Snackbar*

Castellane & Gorges du Verdon
Das Mekka für Outdoor-Fans

Bis zu 700 Meter tief hat sich der rauschende Verdon in den Fels gegraben und so den spektakulärsten Canyon Europas geschaffen. Fluss, Schlucht und Berge sind ein einmaliges Terrain für Sportskanonen und Outdoor-Fans jeglicher Art, und das nette Städtchen Castellane ein entspanntes Ausgangslager für alle Aktivurlauber. Mach dich bereit für aufregende Trips in den Canyon, spektakuläre Rundfahrten und ein gemütliches Dorf zum Relaxen neben der Outdoor-Action.

SCHWINDELFREI?

Von der Route des Crêtes lässt der Grand Canyon Europas tief blicken.

AKTIVITÄTEN & SIGHTSEEING

1 Ein Canyoning-Abenteuer erleben

Lust auf eine besondere Wandertour? Statt Wanderschuhe gibt's einen Neoprenanzug, und rein in die Schlucht! Beim Canyoning in der **Verdon-Schlucht** mit **Secret River** erschließt du dir den Fluss schwimmend und springend an der Seite eines Guides. Adrenalinkicks und ein riesiges Grinsen gibt's gratis. *Infos: Secret River | Dauer: 3 Std. | 45 € pro Person. | secret-river.com | vorher online buchen*

2 Eine der spektakulärsten Panoramastraße der Welt

An der **Route des Crêtes** wartet hinter jeder Kurve wartet ein neuer Aussichtspunkt: Mal blickst du über die Schlucht bis zu den Alpen, beim nächsten Stopp schaust du die Klippen hinab in die schäumenden Wasser des Verdon. *Infos: Startpunkt in La Palud-sur-Verdon, GPS: 43.779726, 6.355947 | die Rundfahrt ist nur im Uhrzeigersinn möglich | maximale Durchfahrtshöhe Tunnel: 3,60 m*

Insider-Tipp
Geier in Sicht! Wer gute Augen, ein Fernglas und Glück hat, entdeckt über der Schlucht Geier, die vor einigen Jahren angesiedelt wurden.

3 In die Gorges du Verdon hineinwandern

Outdoor-Fans, aufgepasst: Die Wanderung in die Schlucht des Verdon ist ein absoluter Höhepunkt! Beim Abstieg über steile Treppen und geheimnisvolle Tunnel erlebst du den beeindruckenden Canyon mit nahezu senkrechten Felswänden und beeindruckenden Ausblicken hautnah. *Infos: Fahrzeug am Point Sublime parken und mit dem Bus (navette.parcduverdon.fr) zum Chalet de la Maline fahren und von dort zurückwandern | 15 km Länge, ca. 7 Std. | Wandererfahrung notwendig | Wasser, Proviant & Taschenlampe mitnehmen!*

4 Das urige Castellane entdecken

Schiefe Steinhäuser, enge Gassen, niedliche Plätze und ein Kirchlein auf großem Felsblock – einen Rundgang durch die **Altstadt** und eine Wanderung hinauf zur Kapelle auf dem Felsen solltest du dir auf keinen Fall entgehen lassen!

REGENTAG – UND NUN?

5 Deux Chevaux und Co.

Niedliche, knopfrunde Augen, geschwungene Kurven und ein unvergleichbarer Sound – die Rede ist von Frankreichs Kultauto, der „Ente". Den 2CV und viele andere Klassiker der französischen Automobilfirma Citroën findest du im **Citro-Museum** bei Castellane. Nicht nur für Oldtimer-Liebhaber ein Highlight, das Retro-Gefühle aufkommen lässt! *Infos: April–Okt. tgl. 14–18 Juli/Aug. 10–18 Uhr | 8 € | Route de la Palud, GPS: 43.856986, 6.499524 | citromuseum.com*

ESSEN & TRINKEN

6 Ripaille et Farigoule

Gegenüber vom Marktplatz könnt ihr unter Weinranken, hübschen Lichterketten und rustikalen Torbögen speisen. Alles andere als rustikal sind hingegen die Menüs, die raffiniert und mit viel Liebe zum Detail zubereitet werden. Besonders die Desserts sind zum Tellerabschlecken! *Infos: Di–So | 5, place Marcel Sauvaire | Castellane | Tel. +33 7 70 29 30 05 | €€*

7 Côté Fontaine

Leckeres Frühstück und einen herzhaften Mittagstisch gibt's neben dem Springbrunnen im gleichnamigen Café. Der perfekte Spot zum Verweilen und Beobachten des lebhaften Treibens auf dem kleinen Platz in der Altstadt. *Infos: Mi–Mo | 23, rue du Mitan | Castellane | €*

8 Ô Délices

In diesem gemütlichen, kleinen Lokal an der Hauptstraße bekommst du provenzalische Hausmannskost wie bei Muttern. Auf der Karte stehen nur wenige Gerichte, aber für alle ist etwas dabei – auch für Vegetarier. *Infos: tgl. | 27, rue Nationale | Castellane | Tel. +33 4 90 71 18 02 | Reservierung empfohlen | €€*

EINKAUFEN

9 Patisserie & Boulangerie Le Panetier

Lange Schlangen vor der Ladentür verraten es: Die Bäcker hier verstehen ihr Handwerk. In den Schaufenstern stapeln sich Türme von bunten *méringues*, und über den Tisch geht die Spezialität des Hauses: mit Scheren geschnittene, heiß-würzige *fougasse*.

DEN BOGEN RAUS

Im schönen Ambiente von Ripaille et Farigoule lässt sich hervorragend essen.

Infos: *tgl. | Place Marcel Sauvaire | Castellane*

STELL- & CAMPINGPLÄTZE

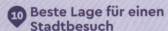10 Beste Lage für einen Stadtbesuch

Schlage dein Lager unter den großen Baumkronen und vereinzelten Obstbäumen des leicht erhöht gelegenen Platzes im Herzen Castellanes auf. Von diesem Platz als Basislager kannst du die Gorges du Verdon erkunden und zu den Aktivitäten rundherum aufbrechen. Bei deiner Rückkehr erwarten dich dann köstlicher Kaffee an der Rezeption und frisch gebackene Pizza. Auf dem naturnahen Campingplatz herrscht eine idyllische Atmosphäre und die neuen, gut ausgestatteten Sanitäranlagen runden das Komfortangebot ab.

Camping Frédéric Mistral

€€ | 12, boulevard Frédéric Mistral | Castellane
Tel. +33 4 92 83 62 27 | camping-fredericmistral.fr
GPS: 43.846130, 6.5098875

▸ **Größe:** *66 Stellplätze, Mobile-Homes*
▸ **Ausstattung:** *Minimarkt, Restaurant mit Pizzaofen, Spielplatz*

11 Mitten in der Natur für Abenteuerlustige

Achtung, hier kommt ein Geheimtipp für alle, die den Campingplatz gerne als Ausgangspunkt für weitere Abenteuer nutzen. Die traumhafte Lage zwischen den Bergen ist nicht nur ein Genuss für die Augen, sondern lädt auch zu allerlei Erkundungstouren ein. Neben schicken Miet-Chalets gibt es nur wenige Stellplätze auf einer großen, grünen Wiese, auf der du dein Nachtlager aufschlagen kannst – du genießt das herrliche Bergpanorama also fast für dich allein.

Camping Les Framboiseilles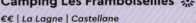

€€ | La Lagne | Castellane
Tel. +33 6 31 26 20 89 | lesframboiseilles.fr
GPS: 43.841946, 6.536681

▸ **Größe:** *6 Stellplätze, Chalets vorhanden*

Spot

Grasse
Zu Besuch im
Reich der Düfte

Seit Jahrhunderten lockt Grasse mit betörenden Düften die Welt ins Hinterland der Côte d'Azur – ihr Ruf als Hauptstadt des Parfüms eilte ihr voraus und ließ Adelige aus ganz Europa hier logieren. Heute kannst du dich von ihr in die Welt der Düfte entführen lassen, die engen Gassen wie in Patrick Süskinds Roman entdecken, durch die letzten Blütenmeere des Umlands wandeln, hinter die Kulissen der Parfümherstellung blicken und deinen ganz eigenen Duft komponieren!

P *Kostenlose Parkplätze an der Avenue de Provence, von dort sind es ca. 10 Min. in die Innenstadt (GPS: 43.656914, 6.927232).*

GANZ NASE SEIN

Bei Fragonard kannst du aus vielerlei Essenzen deinen eigenen Duft kreieren.

AKTIVITÄTEN & SIGHTSEEING

❶ Durch die Altstadt hoch zur Kathedrale spazieren

Drängende Enge und Straßen so schmal wie Schluchten – nach Nizza ist keine Altstadt so eng gebaut wie Grasse. Beim Spaziergang durch verwinkelte Gassen bis hoch zur Kathedrale kannst du Häuser mit zugemauerten Fenstern entdecken, die daran erinnern, dass im 14. Jh. auf jede Maueröffnung Steuer erhoben wurde.

Insider-Tipp

Belohnung fürs Klettern

Von der **Terrasse der Kathedrale Notre-Dame-du-Puy** genießt du einen herrlichen Ausblick über die Stadt.

❷ Im Parfümmuseum alles über die kostbaren Düfte erfahren

Wieso gilt Grasse als Hauptstadt des Parfüms, wie gewinnt man Duftstoffe, und welche Pflanzen geben die Aromen? Solchen Fragen widmet sich das interaktive **Musée International de la Parfumerie (MIP).** Besonders anschaulich: das Gewächshaus mit exotischen Duftpflanzen und olfaktorischen Ratespielen. *Infos: tgl., Mai–Sept. 10–19, sonst 10–17.30 Uhr | 4 € | 2, boulevard du Jeu de Ballon | Grasse | museesdegrasse.com*

❸ Beim Duftbauern durch blühende Felder wandeln

Früher legten sich duftende Blumenfelder um die Stadt, heute beliefern nur eine Handvoll spezialisierter Produzenten Häuser wie Chanel, Dior, Fragonard oder Molinard. Zu ihnen gehört die **Domaine de Manon,** die zu Blütezeiten ihr Anwesen öffnet und bei Führungen Duftstars wie Mairose, Jasmin, Tuberose und Veilchen vorstellt. *Infos: Führungen Mai–Okt., anhängig von der Blühsaison | 36, chemin du Servan | Grasse | Tel. +33 6 12 18 02 69 | domainedemanon grasse.com*

❹ In den Naturpools der Gorges du Loup baden

Bald doch genug von engen Gassen und duftenden Parfüms? Dann nichts wie raus in die Natur! Kurz hinter Grasse liegt das Naturparadies der Gorges du Loup, wo du eine abwechslungsreiche Wande-

REGENTAG – UND NUN?

❺ Ein eigenes Parfüm kreieren

Zeder, Grapefruit oder doch Jasmin? Welche Duftnote hätte dein Parfüm, wenn du selbst eins gestalten würdest? In den großen Parfümerien von Grasse, z.B. **Fragonard,** erfährst du alles über die drei Komponenten eines Parfüms und kannst unter Anleitung einer echten „Nase" dein eigenes Duftwasser gestalten, mit einem Namen versehen und in einem eleganten Flakon mit nach Hause nehmen. *Infos: Parfumerie Fragonard | 69 € pro Person | 17, route de Cannes | Grasse | Online-Reservierung: usines-parfum.fragonard.com (Stichwort „Atelier")*

rung entlang eines rauschenden Flusses machen und zwischendurch in die natürlichen Pools hüpfen kannst. ***Infos:*** *Parken in Pont du Loup, GPS: 43.719245, 6.992571 | der Wanderweg beginnt hinter der Confiserie und führt etwa 1,5 Std. in die Schlucht hinein | festes Schuhwerk empfohlen*

ESSEN & TRINKEN

6 Les Délicatesses de Grasse

Auf dem lebhaften Place des Aires bekommt ihr – der Name des Geschäfts sagt es schon – leckere Delikatessen und kleine Köstlichkeiten aus Grasse und der Region. Die Charcuterie- und Käseplatte ist üppig und abwechslungsreich, im Laden gibt es Wein, Wurst und Tapenade zu kaufen. ***Infos:*** *tgl. | 3, place aux Aires | Grasse | Tel. +33 6 16 02 44 26 | €*

7 Auberge du Vieux Château

In Cabris speist du mit malerischem Blick auf die Bucht von Cannes in der Nähe der alten Burgruine. Hier werden mit viel Kreativität die Aromen der Provence zu leckeren Menüs zusammengestellt und originell angerichtet serviert. ***Infos:*** *Mi–So | Place Mirabeau | Cabris | Tel. +33 4 93 60 50 12 | Reservierung empfohlen | aubergeduvieux chateau.com | €€€*

8 La Fleur de Lys

Traditionelle Küche gibt's unter den urigen Gewölbebögen einer alten Gerberei am Rande der Altstadt. Auf den Tisch kommen provenzalische Klassiker von Lammhaxe bis hin zu Spezialitäten wie Wachtel mit Buchweizengnocchi. ***Infos:*** *Di–So | 2, avenue Chiris | Grasse | Tel. +33 7 68 78 61 00 | €€*

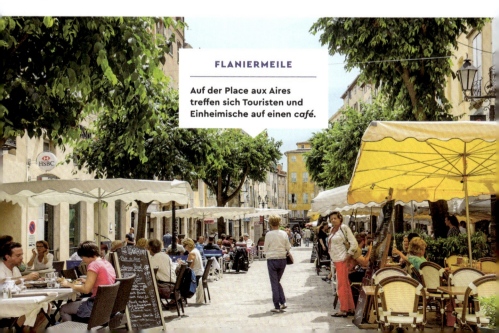

FLANIERMEILE

Auf der Place aux Aires treffen sich Touristen und Einheimische auf einen *café*.

EINKAUFEN

9 Marktzeit

Jeden Samstagvormittag herrscht auf der **Place des Aires** buntes Treiben, wenn mehr als 40 Aussteller rund um den Brunnen ihre prall gefüllten Stände mit frischem Gemüse, schmackhaftem Obst und duftenden Blumen aufbauen.
Infos: Sa 8–13 Uhr | Place des Aires | Grasse

STELL- & CAMPINGPLÄTZE

10 Zwischen Olivenbäumen mit guter Stadtanbindung

Camping ist toll, aber ein wenig Sightseeing soll es schon sein? Grasse, Cannes und die umliegenden Sehenswürdigkeiten sind gut zu erreichen, das Personal ist sehr freundlich. Zwischen alten Olivenbäumen campst du auf den terrassenartig angelegten Stellplätzen. Der Campingplatz ist zwar von der Ausstattung eher schlicht, hat aber durch die Stadtnähe einen großen Vorteil.

Camping La Paoute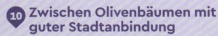

€€ | 160, route de Cannes | Grasse
Tel. +33 4 93 09 11 42 | campinglapaoute.com
GPS: 43.635682, 6.949777

▸ **Größe:** *77 Stellplätze, Mobile-Homes*
▸ **Ausstattung:** *Snackbar, Minishop, Pool*

11 Grandioses Bergpanorama

Eine etwas holprige Straße führt zu einem wunderbar ruhigen, naturnahen Campingplatz, über dem sich nachts ein traumhafter Sternenhimmel auftut. Die herrliche Aussicht auf die Berge, der schöne Pool und komfortablen Stellplätze auf Terrassen zwischen den Olivenbäumen laden zum Verweilen ein. Nach einem Sprung ins kalte Nass an heißen Tagen kannst du dich mit den köstlichen, vor Ort angebotenen Speisen stärken und ein kühles Bier genießen. Bis Grasse sind es etwa 20 Minuten.

Camping des Gorges du Loup ✿☀

€€ | 965, chemin des Vergers | Le Bar-sur-Loup
Tel. +33 4 93 42 45 06 | lesgorgesduloup.com
GPS: 43.701741, 6.995333

▸ **Größe:** *165 Stellplätze, Mobile-Homes*
▸ **Ausstattung:** *Pool, Snackbar, Minimarkt*

RÜCKZUGSORT

Auf der Île Saint-Honorat
kannst du dich vom
Trubel in Cannes erholen.

Tour

Mondäner Chic an der französischen Riviera
Von Cannes nach Menton

Start & Spot **13** **Cannes**
▶ S. 110

50 km

Spot **14** **Nizza**
▶ S. 114

30 km

Ziel & Spot **15** **Menton**
▶ S. 120

Entdecke die ganze Vielfalt der französischen Riviera: Flaniere über die berühmte Croisette und begib dich auf Spurensuche der Filmstars von Cannes, schlendere durch die Markthalle von Menton und probiere die aromatischen Zitronen, verliere dich in den quirligen Gassen von Nizza und lass dich bei einer Food-Tour von den Köstlichkeiten der Region verführen. Für die perfekte Erholung sorgen herrliche Ausflüge in die Natur, wie etwa auf die paradiesische Île de Saint-Honorat. Bist du bereit für mondänes Städte-Hopping mit Erholungsfaktor?

Strecke 80 km

Reine Fahrzeit 2 Std. 30 Min.

Streckenprofil Sehr gut ausgebaute Straßen und Autobahnen, zum Teil aber auch eng und serpentinenreich, jedoch gut machbar auch für Wohnmobile; zu Stoßzeiten reger Verkehr rund um Nizza, Cannes und vor allem Monaco!

Empfohlene Dauer 7 Tage

Anschlusstour
Ⓒ Ⓔ

FACTS

Tour **D** im Überblick

Parc naturel régional des Préalpes d'Azur

M 6202 bis

Le Var

A 8

Tourrettes-sur-Loup

Vence

Saint-Paul-de-Vence

Le Bar-sur-Loup

La Colle-sur-Loup

Saint-Laurent-du-Var

Le Rouret

Roquefort-les-Pins

Valbonne

Baie des Anges

D 6185

Mougins

Antibes

Cannes
Seite 110

Vallauris

D 6107

13

France

Châteauneuf-
Villevieille

Italia

A 8

Roquebrune-
Cap-Martin

15 Menton
Seite 120

La
Trinité

Beausoleil

Èze

Monaco

Monaco

14

Nizza
Seite 114

Tour-Highlights

Die Inselmönche von *Saint-Honorat* beim Weinanbau be-obachten ▶ **S. 111**

In *Nizza* mit dem Fahrrad über die Promenade des Anglais sau-sen ▶ **S. 115**

Durch den Dschungel des *Jardin Val Rahmeh* spazieren ▶ **S. 121**

Mer Méditerranée

3 km

LOS, GEHT'S!

Start & Spot 13

Cannes
Mehr als Stars und Sternchen ▶ S. 110

Optionaler Anschluss: Tour C, Tour E

28 km

Die Tour beginnt in der Filmstadt Cannes, die du nach deinem Aufenthalt über den Boulevard de la Croisette Richtung Osten verlässt. Noch ein letzter Blick auf die mondänen Gebäude und die riesigen Yachten, bevor dich die D6007 immer am Mittelmeer entlang in den Nachbarort **Golfe-Juan** führt. Den Ort, wo Napoleon einst aus Elba ankam, lässt du links liegen und folgst der Straße über Juan-Les-Pins weiter bis nach **Antibes,** wo du zu deiner Rechten einen Blick auf das vierstrahlige Fort Carré und den alten Hafen erhaschen kannst. Danach geht's etwa sieben Kilometern in Richtung Norden, bis du nach **Cagnes-sur-Mer** kommst. Dort folgst du der Avenue de Grasse nach links auf die D2, die immer weiter ins Tal hinein und schlussendlich auch auf den Berg führt, wo dich das Künstlerdorf Saint-Paul-de-Vence erwartet.

Saint-Paul-de-Vence

Nach dem Ausflug in Cannes' Glitzerwelt wird es Zeit für einen Zwischenstopp mit historischem Flair: Eines der schmuckvollsten Bergdörfer der Gegend ist Saint-Paul-de-Vence, das hoch oben auf einem Hügel thront. Als Künstlerdorf bekannt, reihen sich in seinen engen Gassen feine Galerien und Künstlerateliers aneinander. Der Ruf kommt nicht von ungefähr, denn neben Marc Chagall haben hier namhafte Künstler gelebt. Chagalls Grab findest du übrigens am südlichen Ende des Dorfes. Neben reichlich Kunst erwartet dich ein Spaziergang auf den Außenmauern des Dorfes inklusive herrlichen Weitblicken. Und während sich abends die High Society Monacos zum Dîner einfindet, gibt es auf den Terrassen an der Westseite der Rue des Remparts auch für dich ein Plätzchen mit Blick bis zum Mittelmeer, auf der du deinen Pastis schlürfen kannst.

Insider-Tipp

Zitronen zum Schlecken

*Beim **Glacier de la Fontaine** (41, rue Grande) findest du das beste Eis von Saint-Paul – noch dazu in provenzalisch-köstlichen Sorten, etwa Zitrone-Rosmarin. Zum Dahinschmelzen!*

Fondation Maeght

Ein Muss für Fans moderner Kunst! Die Fondation Maeght zählt fraglos zu den bedeutendsten Kunststiftungen der Welt und hat vor den Toren von Saint-Paul-de-Vence ein echtes Highlight in Zusammenarbeit mit Künstlern wie Chagall, Miró oder Giacometti geschaffen. Neben einer umfangreichen Dauerausstellung gibt es in den Sommermonaten spannende Wechselausstellungen von jungen Künstlern. Der eigentliche Star ist aber der moderne Bau selbst, der sich mit seinen vielen Ebenen, Terrassen und Wasserbecken perfekt in die mediterrane Landschaft eingliedert.

i *Juli/Aug. 10–19 Uhr, Sept.–Juni 10–18 Uhr | 16 € | 623, chemin des Gardettes | Saint-Paul-de-Vence | fondation-maeght.com*

P *Wohnmobile und alles, was größer ist als ein Campingbus, werden am besten auf dem speziell ausgeschilderten Platz am Chemin des Trious (GPS: 43.702349, 7.117003) abgestellt. Für kleinere Mobile gibt es einen kostenpflichtigen Parkplatz an der Route des Serres oder das Indigo-Parkhaus kurz vor dem Ortseingang.*

BOND AUF DER SPUR

Über die drei Corniches düsen nicht nur 007 und andere Filmstars.

EXOTISCHES GRÜN

Die Aussicht vom Jardin Exotique auf die Côte d'Azur ist kaum zu toppen.

22 km Von Saint-Paul-de-Vence folgst du der Ausschilderung in Richtung Cagnes-sur-Mer. Dafür fährst du zunächst auf der D7 Richtung Westen, die nach etwa 800 Metern nach Süden führt und dann in die D107, die D536 und schließlich in die D436 übergeht. Bei **Cagnes-sur-Mer** geht es Richtung Osten weiter auf die A8 Richtung Nizza, wobei du die A8 an der Ausfahrt 50 mit der Ausschilderung zum Flughafen Nizza nach der Überquerung des Var wieder verlässt. Ab dem Flughafen folgst du dem Straßenverlauf parallel zum Strand für etwa fünf Kilometer bis zur lang gestreckten Promenade des Anglais.

Spot **Nizza**
Die perfekte Kombi aus Strandurlaub und City-Feeling ▶ **S. 114**

12 km Nach einer abwechslungsreichen Zeit in Nizza setzt du die Tour in Richtung Osten über die Straße Cor André de Joly fort, die im weiteren Verlauf zur D6007 und damit zur *Moyenne Corniche* wird. Die mittlere der drei berühmten Küstenstraßen bietet auf der Fahrt von Nizza Richtung Menton spektakuläre Ausblicke aus dem Camperfenster, während du an schicken Villen, bunten Türmchen und imposanten Felsvorsprüngen vorbeifährst. Nach etwa zehn Kilometern geht es durch einen letzten Tunnel, bevor du das **Viadukt nach Èze** erreichst, das einen einzigartigen Blick auf das „Adlernest" und das azurblaue Wasser bietet.

📷 *Kurz vor dem Tunnel nach Èze öffnet sich zu deiner Rechten eine Haltebucht mit phänomenaler Sicht aufs Meer und das Bergdorf (GPS: 43.727560, 7.354798).*

Èze

Hoch oben auf einer 400 Meter hohen Felskante thront das ‚Adlernest' Èze – ein winziges Bergdorf, das sich jeden Sommer zum Touristenmagneten entwickelt. Der Grund ist neben niedlichen Gassen aus holprigen Pflastersteinen, steilen Treppen und schiefen Mittelalterhäuschen vor allem die Aussicht: Kaum ein Dorf bietet so einen phänomenalen Blick von oben auf die darunterliegende Küste, die vorgelagerten Halbinseln und die auf Ameisengröße geschrumpften Riesenyachten im Meer. Folge einfach den wenigen Straßen entlang der kleinen Restaurants, Boutiquen und Kunsthandwerkerläden weiter nach oben, bis du die alte **Burgruine** erreichst. Und dann brauchst du nichts weiter tun als zu staunen.

Jardin Exotique
Den besten Überblick über das Dorf, das Meer und die ganze Riviera hast du jedoch vom Jardin Exotique, der sich hoch über den Häusern von Èze erstreckt. Hier oben erwarten dich nicht nur diverse Pflanzenarten aus aller Welt, sondern auch das schönste Panorama der ganzen Côte d'Azur! Wenn du am Ende über den Dächern stehst und unter dir das strahlend blaue Wasser glitzern siehst, wirst du den Aufstieg nicht bereuen, versprochen!

ℹ️ *Jan.–März und Nov.–Dez. 9–16.30 Uhr, April–Juni u. Okt. 9–18.30, Juli u. Sept. 9–19.30 Uhr | Hochsaison 6 €, Nebensaison 4 € | 20, rue du Château | Èze | jardinexotique-eze.fr*

🅿️ *Etwas außerhalb bei **Col d'Èze**, an der Avenue des Diables Bleus, befindet sich ein kostenpflichtiger Parkplatz, der für 6 € aber gleichzeitig einen Shuttlebus ins Dorf sowie den Eintritt in den Jardin Exotique beinhaltet (GPS: 43.731689, 7.342569).*

8 km | Von Èze aus geht es immer weiter über die *Moyenne Corniche* (D6007), die sich durch die Dörfer und Ausläufer vor Monaco schlängelt. Auch wenn die Strecke keine zehn Kilometer lang ist, kann sie

Fahrt staubedingt etwas länger dauern. Zusätzlich empfiehlt sich ein gutes Navi, das einen durch die eng bei- oder zum Teil übereinanderliegenden Straßen und Tunnel Monacos führt.

Insider-Tipp

Unverbindlich

Wer keine böse Überraschung auf seiner Handyrechnung erleben möchte, sollte unbedingt vor Monaco seine Datenverbindungen ausschalten – der Stadtstaat gehört nicht zur EU, somit kann Roaming echt teuer werden!

Monaco

Enge Straßenschluchten und sich auftürmende Hochhäuser – schon bei der Anfahrt nach Monaco wird deutlich: Platz ist knapp in dem Zwergstaat an der Côte d'Azur. Geld dafür umso weniger, was sich an der Dichte der Luxuskarossen, Casinos und Edelboutiquen ebenfalls leicht ablesen lässt. Die Menge an Luxus, die du hier vorfindest, übersteigt sicherlich vieles, was du bisher gesehen hast, doch allein deshalb ist ein Zwischenstopp oder zumindest die Sightseeing-Tour durchs Autofenster Pflicht! Wenn du rechtzeitig ankommst, kannst du morgens um 11:55 Uhr das Spektakel bei der **Wachablösung am Fürstenpalast** miterleben.

Musée Océanographique

Lass dich von Nemo und Co. in ihre bunte Unterwasserwelt entführen! Im ozeanografischen Museum von Monaco gehst du mit den farbenfrohen Bewohnern der Tropen auf Tauchgang oder erfährst in einem Rehabilitationszentrum für Meeresschildkröten mehr über die bedrohten Tiere.

Jan.–März 10–17, April–Juni u. Okt.–Dez. 10–18, Juli/Aug. 9.30–20 u. Sept. 10–19 Uhr | 16 € | Avenue Saint-Martin | Monaco | musee.oceano. org/de

Insider-Tipp

Picknickspot der Extraklasse

Mittagessen mit mega Aussicht for free – mit Blick auf die Skyline von Monaco sitzt du unter schattigen Pinien und genießt dein selbst gemachtes Picknick (GPS: 43.74633, 7.4236).

P *Glücksspiel gibt's in Monaco nicht nur im Casino, sondern auch bei der Parkplatzsuche. Auf dem Boulevard de Belgique (GPS: 43.735292, 7.416403) kannst du – wenn das Glück dir hold ist – direkt an der Straße parken. Für alle Mobile unter 2,40 Meter Höhe eignet sich auch das Parkhaus Parking La Digue (Quai Rainier III, GPS: 43.734023, 7.429050).*

10 km | Verlasse Monaco am besten auf dem Boulevard d'Italie in Richtung Menton, das ausgeschildert ist, und nimm die D6098, also die *Basse Corniche*, die nach etwa zwei Kilometern im Kreisverkehr bei Dondéa in die D6007 übergeht. Nun folgst du der D6007 parallel zur Küste für etwa sieben Kilometer, bis du Menton erreichst.

Ziel & Spot 15

Menton
Die Stadt der Zitronen und ein Hauch von Italien ▶ **S. 120**

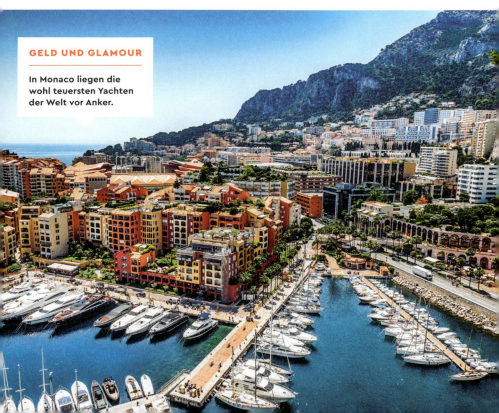

GELD UND GLAMOUR

In Monaco liegen die wohl teuersten Yachten der Welt vor Anker.

Spot 13

Cannes
Mehr als Stars und Sternchen

Einmal im Jahr treffen sich in Cannes die Stars und Sternchen der Filmwelt, um über den roten Teppich zu flanieren. Doch Cannes ist mehr als nur Filmfestspiele, Luxusboutiquen und der Prachtboulevard an der Croisette. Wer genau hinschaut, findet eine bezaubernde Altstadt mit schmucken Gässchen und fantastischen Weitblicken, herrliche Sandstrände direkt in der Stadt und geradezu paradiesische Inseln mit frommen Mönchen nur eine Bootsfahrt entfernt.

P *Gebührenpflichtiger Parkplatz an der Straße, Boulevard d'Alsace (GPS: 43.55393, 7.02604).*

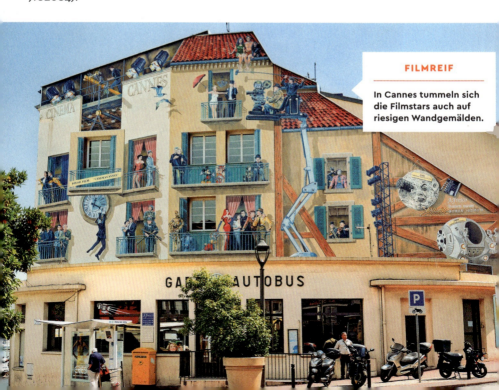

FILMREIF

In Cannes tummeln sich die Filmstars auch auf riesigen Wandgemälden.

AKTIVITÄTEN & SIGHTSEEING

① Auf den Spuren der Filmstars über die Croisette flanieren

„Sehen und gesehen werden", heißt es an der Strandpromenade – nicht nur während der Filmfestspiele im Mai. Wundere dich also nicht, wenn plötzlich die Luxusschlitten an dir vorbeirauschen, während du beim Palais de Festival auf dem roten Teppich posierst oder auf dem „Walk of Fame" die Handabdrücke deiner Lieblingsschauspielerinnen und -schauspieler suchst.

② Die Aussicht von der Colline du Suquet genießen

Über steile Altstadttreppen und -stiegen kommst du von einem netten Plätzchen zum nächsten, und mit jedem Meter entdeckst du mehr Riesenyachten und winzige Fischerboote im Vieux-Port. Oben auf der Colline du Suquet thront die Kirche **Notre-Dame de l'Espérance,** von deren Vorplatz der Blick über die Stadt schon prächtig ist. Aber wer ein wirkliches 360-Grad-Wow-Panorama haben möchte, sollte auf den benachbarten Burgturm steigen, der zum **Museum der Welterkundung** gehört. *Infos: Musée des explorations du monde: Öffnung s. Website | 6 € | Place de la Castre | Cannes | cannes.com*

③ Schnitzeljagd nach Marylin Monroe und Co.

Wo findest du Kate und Leo, Mickey und Minnie, Batman und Superman? Kleiner Tipp: nicht auf der Leinwand, sondern auf über einem Dutzend Hauswänden in der Stadt. Mit einer Broschüre aus dem **Office du Tourisme** lassen sich alle Streetart-Gemälde aufstöbern. *Infos: tgl. 10–19 Uhr | Office du Tourisme | 1, boulevard de la Croisette | Cannes | cannes-reiseziel.de/cannes-kino/wand malereien-und-filmfiguren*

④ Eine ruhige Kugel schieben auf der Île Saint-Honorat

Raus aus dem Trubel, rein in die Idylle: Mit dem Boot geht es auf die von einer Handvoll Mönchen bewohnte Insel, die sich jenseits von Cannes' Glitzerwelt wie ein Paradies anfühlt. Hier scheint die Welt noch in Ordnung, sieht man die Mönche der **Abbaye de Lerins** gemächlich durch die Olivenhaine und Weinstöcke wandern, die sie in Handarbeit und

REGENTAG – UND NUN?

⑤ Filme fest feiern

Wenn es in Cannes doch mal vom Himmel tropfen sollte, ab ins Kino! Im gemütlichen Programmkino **Les Arcades** mit nur drei Sälen laufen internationale sowie französische Independentfilme, manchmal auch der ein oder andere Hollywoodstreifen in Originalsprache. Hier kannst du mit einer Portion Popcorn in bequemen Sitzen versinken und dich wie ein Jurymitglied der Filmfestspiele fühlen. *Infos: 77, rue Félix Faure | Cannes | Facebook: Cinéma Les Arcades Cannes*

Bio-Qualität bewirtschaften. *Infos: Fähre 9–18 Uhr stdl., Dauer 30 Min. | Abfahrt vom Westrand des Vieux-Port | 15 € | Anbieter: Planaria*

ESSEN & TRINKEN

6 Bar Le Terrasse

Austern schlürfen und sich fühlen wie die Grandezza von Cannes – und das zu unschlagbar gutem Preis! Nebenbei sitzt man *très chic* unter der roten Markise mit hervorragendem Blick auf das Treiben vor der Markthalle. Unbedingt der Weinempfehlung der Kellner folgen! *Infos: tgl. | 3, rue des Halles | Cannes | Tel. +33 4 93 39 46 26 | €*

7 Restaurant Tredici

Charmantes, kleines Restaurant im Suquet mit hippen Flohmarktmöbeln und viel Grün an den Wänden. Das junge Team serviert köstliche, italienisch inspirierte Speisen mit besonderem Twist. *Infos: tgl. | 13, rue Louis Perrissol | Cannes | Tel. +33 6 52 54 64 63 | Facebook: Tredici | €€*

8 Riviera Beach

Mittagessen mit Blick aufs Meer? Ja, bitte! Das Riviera Beach ist Bar, Restaurant und Beach Club in einem. Nach dem sommerlich frischen Essen kannst du dich auf einer Sonnenliege fallenlassen und die Zehen im weichen Sand vergraben. *Infos: tgl. | 31, boulevard Jean Hibert | Cannes | Tel. +33 4 93 39 72 20 | rivierabeach-cannes.fr | €€€*

EINKAUFEN

9 Marché Forville

Unter dem Dach der Markthalle findet man alles, was die Gärten der Pro-

KAPITÄNSSACHE

Ein waschechter Seebär serviert in der Bar Le Terrasse fangfrische Meeresfrüchte.

vence zu bieten haben und sich zu einem schmackhaften Campinggericht verarbeiten lässt. *Infos: Di–So 7.30–13 Uhr | 6, rue du Marché Forville | Cannes*

Insider-Tipp

Socca'nnes Cannes

In der Halle heizen junge Männer ihren Holzkohlenofen für den besten Socca (Pfannkuchen aus Kichererbsen) der Stadt ein – achte auf das rote Schild „Socca'nnes"!

STELL- & CAMPINGPLÄTZE

10 Praktisch für den City-Trip

Von diesem Platz bist du mit dem Camper oder dem Bus in 10–15 Minuten an der Croisette. Die Stellplätze auf dem parkähnlichen Gelände bieten dir auch in heißen Sommermonaten ausreichend Schatten. Abkühlung gibt's im Pool, und langweilig wird's dank vielfältiger Animationen, Shows und Tanzabende sicherlich nicht. Die Sanitäranlagen sind einfach, aber gepflegt.

Camping Parc Bellevue

€€ | 67, avenue Maurice Chevalier | Cannes Tel. +33 4 93 47 28 97 | parcbellevue.com GPS: 43.55624, 6.96030

▶ **Größe:** *5 ha, Mobile-Homes*
▶ **Ausstattung:** *Pool, Restaurant*

11 Kleine Oase am ruhigen Kanal

Über deinem Camper hörst du das rhythmische Sirren der Zikaden in den hochgewachsenen Pinienbäumen. An der grünen Oase in einem Vorort von Cannes schlängelt sich ein schmaler Kanal vorbei, in dem kleine Elektroboote sanft vor sich hinschaukeln, die du sogar für eine Rundfahrt mieten kannst! Ansonsten kannst du auch in den Swimmingpool hüpfen oder bist zu Fuß in 15 Minuten direkt am Strand. Die sanitären Anlagen sind gut in Schuss, und an der Rezeption kannst du für dein Camperfrühstück knuspriges Baguette und fluffige Croissants bestellen.

Camping Les Cigales ☼

€€ | 505, avenue de la Mer | Mandelieu-la-Napoule / Tel. +33 4 93 49 23 53 | lescigales.com | GPS: 53.545364, 9.953152

▶ **Größe:** *43 Stellplätze, 22 Mobile-Homes*
▶ **Ausstattung:** *Pool, Motorbootverleih*

Spot 14

Nizza
Die perfekte Kombi aus Strand-urlaub und City-Feeling

Charmante Altstadt mit leicht schmuddeliger Patina trifft auf majestätische Ufer-promenade und pompöse Belle-Époque-Paläste: Nizza hat viele Facetten! Heute entstehen Szeneviertel neben alteingesessenen Institutionen, an jeder Ecke gibt es etwas zu entdecken oder ein gemütliches Plätzchen zum Verweilen. Und das Beste: Das Meer ist direkt vor der Haustür! In der unbestrittenen Hauptstadt der Riviera verschmelzen Strandfeeling, französisches Savoir-vivre und modernes Großstadtleben zu einem unwiderstehlichen Mix.

P *Gebührenpflichtiger Parkplatz an der Straße, Boulevard Franck Pilatte, Achtung: besser keine Wertsachen offen im Auto liegenlassen (GPS: 43.69390, 7.28964)!*

BADESPASS

Im Sommer bietet das türkise Wasser an der Promenade des Anglais die perfekte Erfrischung.

AKTIVITÄTEN & SIGHTSEEING

1 Durch die Altstadt bummeln

Verwinkelte enge Gassen, gelb-, ocker- und orangefarbene Häuser, barocke Kirchen und zahllose kleine Geschäfte – Nizzas zauberhafte *Vielle Ville* erkundest du am besten zu Fuß. Startpunkt ist die **Place Rosetti** an der Kathedrale Saint-Réparate mit dem funkelnden Mosaikdach. Von dort aus heißt es: sich in den Straßen verlieren und einfach treiben lassen.

2 Die Promenade des Anglais entlangradeln

Ab zum Sightseeing auf *La Prom!* Aber nicht wie die Engländer im 18. Jh. zu Fuß, sondern mit einem der blauen Leihräder von **Vélo bleu,** die an über 160 Stationen in der Stadt verteilt sind. Unter Palmen geht's dann über die 8 km lange Strandpromenade an Belle-Époque-Hotels, Casinos und Museen vorbei. Und wenn's zu heiß wird: anhalten und rein ins Wasser! *Infos: Anmeldung unter velobleu.org | einmalig 1,50 €, erste halbe Stunde kostenlos, danach 1 € für weitere 30 Min.*

3 Von der Colline du Château auf Stadt und Meer blicken

Du bist auf der Suche nach einem spektakulären Aussichtspunkt auf Stadt und Meer? Dann rauf auf die Colline du Château! Eine Burg oder gar ein Schloss gibt es auf dem Hügel seit dem 16. Jh. zwar nicht mehr, dafür aber phänomenale Aussichtspunkte und eine malerische Gartenanlage mit Wasserfällen und exotischen Gewächsen. Perfekt für einen entspannten Nachmittag!

4 Nizza bei Food & Wine entdecken

Wie kann man die Stadt besser entdecken als bei einer Führung mit einem Local samt Einkehr in einem Lokal inklusive Verkostung von Wein und hiesigen Spezialitäten? Nadia zeigt euch die Stadt und ihre Besonderheiten, während ihr köstliche Häppchen und fruchtige Weine schnabuliert. *Infos: Nice Food & Wine Tours | Treffpunkt Promenade des Anglais, GPS: 43.695069, 7.271093 | Nizza | Tel. +33 7 62 09 11 50 | nicefood andwinetours.com | 75 € pro Person, Tickets online reservieren*

5 Mit Engeln die Sonne untergehen sehen

Nizza und die Engelsbucht – das gehört zusammen wie Marmelade und Croissant! Die Niçois lieben ihre **Baie des Anges** und den dazugehörigen Kiesstrand, sodass es hier am Mittag ziemlich voll werden kann. Am schönsten ist es aber am Abend mit einem kühlen Getränk in der Hand, wenn die Sonne die gesamte Bucht in warmes Gold taucht und du die funkelnden Lichter der Stadt bestaunst.

6 Mal einen Wellengang zulegen

„Eine Bootsfahrt, die ist lustig ..." und besonders schön, wenn sie dich um eine der traumhaftesten Buchten entlang der Côte d'Azur führt. Im Hafen von Nizza hüpfst am **Quai Lunel** aufs Boot, und unter der leuchtenden Mittelmeersonne geht es in einer Stunde rund ums Cap de Nice, vorbei an luxuriösen Villen und bunten Dörfern bis zum Cap Ferrat. Stilecht bewunderst du vom Wasser aus die farbenfrohe Häuserfront von Villefranche-sur-Mer, bevor es zurück zur Baie des Anges geht. *Infos: Mai–Okt. Di–So 11, 15 und 16.15 Uhr | 18,50 € pro Person, Tickets online buchen | ab Quai Lunel | Nizza | Anbieter: Trans Côte d'Azur | Tel. 04 92 00 42 30 | trans-cote-azur.co.uk*

7 An der Place Masséna paradiesisch shoppen

Das Mekka für alle Shopping-Fans liegt rund um die Place Masséna – mit ihren stattlichen roten Gebäuden und dem filigranen Schachbrettmuster bereits ein Schmuckstück für sich. Vor allem in den Seitenstraßen findest du aber neben Luxuskaufhäusern auch Prêt-à-porter-Marken und kleine Boutiquen mit originellen Kollektionen.

8 Auf der Promenade picknicken und abkühlen

Die Sonne strahlt, und deine Füße sind vom Sightseeing platt? Dann schnapp dir ein paar Leckereien für ein Picknick, und ab zur **Promenade du Paillon!** Wo früher mal ein unansehnlicher Busbahnhof war, befindet sich heute ein entspannter, lang gestreckter Park mit Rasenflächen, Picknickplätzen und großflächigen Wasserfontänen, unter denen du dich abkühlen kannst.

9 Am Cap Ferrat auf Weltreise gehen

Könige, Prinzessinnen, Popstars, Schauspieler und Künstler – alle zieht es an die französische Riviera. Das ein oder andere prächtige Domizil ist dabei schon entstanden und kann von dir entdeckt werden. Ein besonderes Schmuckstück ist die **Villa Ephrussi de Rothschild** 10 km östlich von Nizza mit ihrer rosafarbenen Opulenz und weitläufigem Gartenreich: Geh in neun verschiedenen Themengärten auf Weltreise und fühl dich wie ein Lord oder eine Lady aus der Belle Époque. *Infos: tgl. 10–18 Uhr, Juli/Aug. 10–19 Uhr | 1,*

REGENTAG – UND NUN?

10 Rätsel lösen macht Spaß

Zugegeben, moderne Kunst muss man nicht immer verstehen. Und auch im **Musée d'Art Moderne et d'Art Contemporain** tummelt sich das ein oder andere seltsam bis kurios anmutende Kunstwerk von Pop-Art bis Postmoderne. Zwischen jungen Künstlern findet man Werke von Klassikern wie Niki de Saint-Phalle, Andy Warhol oder Yves Klein – unterhaltsam ist ein Besuch im MAMAC ohne Frage. Der Blick von den Metallstegen auf dem Dach ist nochmal ein besonderes Highlight. *Infos: Di–So 10–18 Uhr | 10 € | Place Yves Klein | Nizza | mamac-nice.org*

avenue Ephrussi de Rothschild | Saint-Jean-Cap-Ferrat | 16 €

ESSEN & TRINKEN

11 Bar des Oiseaux

Neben dem gleichnamigen Theater sitzt man selbst in der Mittagshitze wunderbar im Schatten der engen Gassen und schlemmt herrlich frische, handgemachte Pastagerichte. Am besten gleich das saisonale Tagesmenü bestellen! *Infos: Di–Sa 10–22 Uhr | 5, rue Saint-Vincent | Nizza | Tel. +33 4 93 80 27 33 | €€*

12 Le Plongeoir

Vielleicht die außergewöhnlichste Dinner-Location in Nizza: Im stylischen Plongeoir speist man unter weißen Sonnensegeln auf einem Felsen im Meer. Serviert werden gehobene mediterrane Speisen und hervorragende Drinks – das perfekte Ambiente für einen Sundowner! *Infos: tgl. 18.30–22.30, So auch 12–14.30 Uhr | 60, boulevard Franck Pilatte | Nizza | Tel. +33 4 93 26 53 02, Reservierung erforderlich | leplongeoir.com | €€€*

13 Fenocchio Maître Glacier

Hier gibt's mehr als nur Schoko, Erdbeer und Vanille: Seit 1966 kreiert Familie Fenocchio die ausgefallensten Eissorten. Beweis ist die meterlange Vitrine, die über 100 (!) verschiedene Sorten beherbergt und interessante Geschmackserlebnisse wie Kaktus, Bier oder Olive bietet. *Infos: tgl. 11–24 Uhr | 2, place Rossetti | Nizza | Nov.–Jan. geschl. | €*

Insider-Tipp
Geschmacks-explosiv

Unbedingt das Veilchensorbet probieren, ein Traum!

AM PULS DES MEERES

In der ehemaligen Tauchstation Le Plongeoir speist man elegant über dem Meer.

14 Dolce Caffé

In der belebten Rue Halévy tummeln sich Einheimische in Bars und Bistros beim Schlürfen ihres Apéros. Leckere Snacks wie Avoacado Toast bekommst du im kleinen Dolce Caffé. *Infos: tgl. 7–24 Uhr | 11, rue Halévy | Nizza | Tel. +33 4 93 92 38 33 | €*

EINKAUFEN

15 Marché aux Fleurs

Kein Nizza-Besuch wäre vollständig ohne eine Runde über den Marché aux Fleurs. Unter gestreiften Markisen findet man hier fein hergerichtetes Obst und Gemüse, allerlei Kunsthandwerk und natürlich Blumen. Schau dir die Stände in Ruhe an und gönn dir anschließend einen *petit café* in der Sonne. *Infos: Di–So 8–14 Uhr | Cours Saleya | Nizza*

16 Maison Auer

Im antiquierten Rokokosalon der Confiserie Auer schlagen Schokoladenherzen höher! Vom Riesenosterei bis zum feinsten Trüffel gibt es alles Mögliche aus Kakao, Zucker und kandierten Früchten. Schon allein der Blick ins verspiegelte Pralinenseparee ist einen Besuch wert. *Infos: Di–Sa 9.30–13.30 u. 14–18 Uhr | 7, rue Saint-François-de-Paule | Nizza | maison-auer.com*

AUSGEHEN

17 Les Distilleries Idéales

Die Bar im Art-déco-Stil führt in die Vergangenheit: In großen Kupferkesseln blubbert es, durch die bemalten Fenster fällt schummeriges Licht. Gute Auswahl an Bieren vom Fass und schmackhafte Charcuterie-Platten. *Infos: tgl. | 24, rue de la Préfecture | Nizza | €*

ANGESAGT

In der Rue Bonaparte im Quartier du Port steppt abends der Bär.

18 Comptoir Centrale Électrique

Eine Pinie in der Mitte – viele Cafés und Bars rundherum. An der Place du Pin beginnt das Szeneviertel mit der **Rue Bonaparte** – eine Fußgängerzone, für die Barhopping quasi erfunden wurde. Tipp: Die Bar Comptoir Centrale Électrique im Shabby Chic ist immer voll, immer hip. *Infos: tgl. | 10, rue Bonaparte | Nizza | cce-nice.com/en | €€*

STELL- & CAMPINGPLÄTZE

19 Entspannung am Fluss

Diesen gemütlichen, familiären Platz findest du in einem grünen Flusstal nördlich von Nizzas Nachbarort Cagnes-sur-Mer. Hier wirst du von den supernetten Betreibern persönlich begrüßt und zu deinem schattigen Stellplatz geleitet. Die Ausstattung ist schlicht und sauber, bietet aber alles, was man für einen gelungenen Aufenthalt braucht. Im kleinen Laden mit Bistro bekommst du Pizza und die selbst gemachte Marmelade der Chefin, bevor es wieder auf Entdeckung in die Stadt geht.

Camping La Rivière 🐾

€ | 168, chemin des Salles | Cagnes-sur-Mer Tel. +33 4 93 20 62 27 | campinglariviere06.fr GPS: 43.695950, 7.142989

▶ **Größe:** *86 Stellplätze, 4 Mobile-Homes*
▶ **Ausstattung:** *Pool, Bistro*

20 Gute Ausgangslage und nah am Meer

Dieser kleine, aber feine Platz ist perfekt für Ausflüge an der ganzen Riviera. Mit Bussen oder per Rad bist du schnell in Nizza und noch schneller am Meer – der Strand ist nur fünf Minuten entfernt! Bis zum Hafen mit vielen Restaurants sind es nur ein paar Schritte weiter, und deine Vorräte kannst du im riesigen Supermarkt nebenan auffüllen. Dein Camper steht währenddessen auf großen und schattigen Stellplätzen, auf denen du es dir hinterher gemütlich machen kannst.

Camping de l'Hippodrome

€€ | 5, avenue des Rives | Villeneuve-Loubet +33 4 93 20 02 00 | camping-hippodrome.com GPS: 43.642147, 7.138562

▶ **Größe:** *32 Stellplätze*
▶ **Ausstattung:** *Innen- und Außenpool*

Menton
Die Stadt der Zitronen und ein Hauch von Italien

Ganz am äußersten Ende der Côte d'Azur klammert sich ein farbenfrohes Städtchen an einen Hang über dem Meer. Das Klima: warm und tropisch. Die Atmosphäre: bunt und italienisch. Das Markenzeichen der Stadt: gelb und sauer-lustig. Die Rede ist von Menton, das einen Ruf als wärmster Ort an der Côte d'Azur genießt und auch bekannt ist für sein italienisches Flair, bunte Häuserfassaden, exotische Gärten und natürlich: die Zitronen!

P *Kostenloser Parkplatz auf einer Schotterfläche, 39, boulevard de Garavan, etwa 15 Min. Fußmarsch bis ins Altstadtzentrum (GPS: 43.786105, 7.511921).*

AROMATISCH

Auf dem Markt gibt's Zitrusfrüchte in allen Formen und Farben.

AKTIVITÄTEN & SIGHTSEEING

1 Durch die Altstadt bummeln

Terrakottatreppen, enge Gassen und kleine Plätze, gesäumt von Häusern in Pastellfarben – das ruft geradezu nach einer Bummeltour durch die Altstadt. Starte am besten an der Place de l'Eglise vor der **Basilique Saint-Michel** *(Mo, Mi u. Fr 15–17 Uhr)* und folge den steilen Treppen in die Nebenstraßen, wo du auch Ateliers von Künstlern und Modedesignern findest.

2 Die letzte Ruhe mit Aussicht spüren

Erklimme die Treppen der Altstadt weiter bis hinauf zum Friedhof **Cimitière du Vieux Château** auf dem Hügel Montée du Souvenir über der Stadt. Zwischen Marmorgräbern Tuberkulose-geplagter Lords und Ladies aus ganz Europa, die sich wegen der guten Seeluft hier niederließen, hast du eine beeindruckende Aussicht auf die Plage des Sablettes und die dahinterliegende ligurische Küste.

3 Am Hafen in den Abend spazieren

Wenn die Sonne sich dem Horizont nähert und die Farben der Stadt noch intensiver leuchten, wird es Zeit für einen Abendspaziergang am Wasser! Beim **Quai Napoleón III** kannst du die Außenmauer des Hafens besteigen und bis zum äußersten Ende des Kais laufen. Währenddessen begleitet dich der einzigartige Ausblick auf das farbige Häusermeer, das sich den Hang emporzieht.

4 Einen Ausflug ins Paradies unternehmen

Verwunschene Gänge, plätschernde Wasserläufe, wagenradgroße Blätter und Blüten – man glaubt sich mitten in den Tropen. Das dachten wohl auch die gartenverrückten Engländer, die vor 200 Jahren den **Botanischen Garten Val Rahmeh** errichten ließen. Die klimatische Lage von Menton macht's möglich, deshalb gedeihen hier neben Zitronen auch über 1700 (!) verschiedene Pflanzenarten. Auf keinen Fall verpassen! *Infos: Mi-Mo 9.30–12.30 u. 14–18 Uhr | Avenue Saint-Jacques | Menton | keine Zufahrt für Wohnmobile, am besten 39, boulevard de Garavan parken (GPS: 43.786105, 7.511921) | 7 €*

REGENTAG – UND NUN?

5 Auf den Spuren eines Genies

Mentons Wunderklima macht Pause? Dann kannst du dich auf die Spuren des berühmtesten Besuchers der Stadt machen: **Jean Cocteau.** Das französische Universalgenie wirkte als Maler, Dichter, Schauspieler und Regisseur. Sein Museum ist nicht nur wegen der bunten Ausstellung, sondern auch aufgrund der modernen Wellenarchitektur einen Besuch wert. *Infos: Mi-Mo 10–12.30 u. 14–18 Uhr | 8 € | Musée Jean Cocteau Collection Severin Wunderman | Bastion du Vieux Port | Menton | museecocteaumenton.fr*

ESSEN & TRINKEN

6 Le Martina

Ein Hauch von Bella Italia in Frankreich: Gleich mehrere italienische Restaurants versammeln sich um den kleinen Olivenbaum in der Mitte der Place du Cap. Näher kommst du dem Nachbarland nicht, deshalb beim italienisch geführten Le Martina unbedingt den *fritto misto di pesce* bestellen! **Infos:** *tgl. 12–14 u. 19–22 Uhr | 11, place du Cap | Menton | Tel. +33 4 93 57 80 22 | €€*

7 Tutti Frutti

Für alle Schleckermäuler: Hier gibt's das beste Eis der Stadt – von Locals empfohlen, von den Autoren getestet und abgesegnet. Besonders lecker: das Zitroneneis, logisch! **Infos:** *tgl. 10–22 Uhr | 24, rue Saint-Michel | Menton*

EINKAUFEN

8 Marché des Halles

Große Zitronen, kleine Zitronen, Riesenzitronen und welche, die man mit Schale essen kann – auf dem Markt von Menton darf das gelbe Aushängeschild der Stadt nicht fehlen. Neben Produkten aus der saftigen Vitamin-C-Bombe findest du hier auch andere Leckereien der südfranzösischen Küche. **Infos:** *tgl. 6–13 Uhr | Halles municipales | Rue Pelisson | Menton*

Insider-Tipp

Super Mario, super Zitronen!

Beim kauzigen **Jean-Mario Médecin** *am westlichen Ende der Markthalle findest du die besten Zitronen Mentons!*

UNTER OLIVEN

Auf dem Camping Le Parc Saint-Michel spenden knorrige Olivenbäume angenehmen Schatten.

9 Maison Herbin

Bei Herbin werden Zitronen, Orangen, Heidelbeeren und andere Früchte
in großen Kupferbottichen zu Mentons
Verkaufsschlager verarbeitet: Konfitüre
in allen Geschmacksrichtungen. Im vor-
deren Teil kann man zum Teil kuriose
Sorten (Kaugummi!) probieren und kaufen. *Infos: Mo–Sa 9.30–12.30 u. 14–19,
So 10–12.30 u. 15–18 Uhr | 2, rue du Vi-
eux Collège | Menton*

STELL- & CAMPINGPLÄTZE

10 Mit Blick auf die Stadt

Die Auffahrt aus der Stadt ist eher
was für geübte Fahrer, in steilen und engen Serpentinen geht es hoch aufs Plateau de Saint-Michel, wo der einfach
ausgestattete Campingplatz weit über
der Stadt thront. Man steht auf großzügigen Terrassen zwischen knorrigen Olivenbäumen mit Blick auf die Berge, die
roten Dächer und das Meer. Zu Fuß geht
es über steile Treppen, dafür mit fantastischer Aussicht, hinunter ins Zentrum.

Camping Le Parc Saint-Michel ☀

*€€ | Plateau Saint-Michel, Route des Ciappes de
Castellar | Menton
Tel. +33 9 82 21 27 95 | campingscotedazur.com
GPS: 43.779142, 7.497975*

▶ *Größe: 2 ha*

11 Abstecher nach Italien

Am östlichsten Zipfel Südfrankreichs
ist die Campingplatzlage eher mau – wie
wäre es daher mit einem Kurztrip nach
Italien? An der ligurischen Küste, nur wenige Minuten vom Meer entfernt, findest
du den eher rustikalen, aber entspannten Campingplatz Por La Mar. Supermarkt und oberleckere Pizzeria sind nur
ein paar Minuten entfernt und über die
Grenze zurück nach Frankreich ist es
ebenfalls bloß ein Katzensprung.

Camping Por La Mar 🐾

*€€ | Corso Nizza, 107 | Ventimiglia | Italien
Tel. +39 01 84 22 96 26 | campingporlamar.
business.site
GPS: 43.793057, 7.563706*

▶ *Größe: 44 Stellplätze*

FISCHERIDYLLE

Im Sommer wandelt sich das Fischerdorf Saint-Tropez zum beliebten Party-Hotspot.

Tour

Nirgendwo glitzert das Meer azurblauer
Von Saint-Tropez nach Cassis

Start & Spot **16** **Saint-Tropez** ▶ S. 134

81 km

Spot **17** **Presqu'île de Giens** ▶ S. 138

87 km

Ziel & Spot **18** **Cassis** ▶ S. 142

Nichts für Landratten! Auf dieser Tour erwarten dich exklusive Hafenstädtchen, entspannte Fischerdörfer, paradiesische Inseln und ganz viel Meer! Schippere mit dem Boot durch die Calanques in den Sonnenuntergang, flaniere durch die bunten Gassen von Saint-Tropez und bestaune das exklusive Treiben am Hafen, probiere erstklassige Cru-classé-Weine, chille an den schönsten Stränden Europas und entdecke die bunte Unterwasserwelt der Côte d'Azur. Auf zu einer abwechslungsreichen Tour am azurblauen Mittelmeer!

Strecke 168 km

Reine Fahrzeit 2 Std. 40 Min.

Streckenprofil Gut geteerte Straßen, zum Teil Autobahn (Maut), auf der Halbinsel von Saint-Tropez eher eng und serpentinenreich, für alle Arten von Campern gut machbar. Im Sommer Staus um Saint-Tropez.

Empfohlene Dauer 6 Tage

Anschlusstouren C D F

FACTS

Tour E im Überblick

Tour **E**

18

Cassis
Seite 142

La Destrousse
Auriol
Nans-les-Pins
Plan-de-Cuques
Roquevaire
Mazaugues
La Roquebrussanne
Garé
Allauch
A 52
Parc naturel régional de la Sainte-Baume
Néou
Aubagne
A 501
Gémenos
Riboux
Signes
Méounes-lès-Montrieux
A 50
La Penne-sur-Huveaune
Cuges-les-Pins
Belgentier
Roquefort-la-Bédoule
Ceyreste
La Cadière-d'Azur
Le Beausset
Solliès-Toucas
Solliès-Pont
La Ciotat
Sainte-Anne d'Évenos
Évenos
Solliès-Ville
La Valette-du-Var
Bandol
TOULON
La Ga
Sanary-sur-Mer
La Seyne-sur-Mer
Le Pradet
Six-Fours-les-Plages
Le Brusc
Saint-Mandrier-sur-Mer

Mer Méditerranée

7 km

Carcès
Le Thoronet
Taradeau
Les Arcs
Le Muy
Puget-sur-Argens
Vins-sur-Caramy
Cabasse
Vidauban
Roquebrune-sur-Argens
A 8
DN7
Flassans-sur-Issole
te-Anastasie-Issole
Réserve naturelle de la Plaine des Maures
Le Luc
Le Plan-de-la-Tour
Gonfaron
Les Mayons
La Garde-Freinet
Sainte-Maxime
Carnoules
Pignans
Saint-Tropez
Seite 134
16
Grimaud
A 57
uget-Ville
Cogolin
Collobrières
Gassin
La Croix-Valmer
Pierrefeu-du-Var
La Môle
Ramatuelle
Château Sainte-Marguerite
Bormes-les-Mimosas
Rayol-Canadel-sur-Mer
Cavalaire-sur-Mer
Hyères
La Londe-les-Maures
Le Lavandou
Domaine du Rayol
D 98
0
Presqu'île de Giens
Seite 138
17

Tour-Highlights

Mit dem Camper über die *Route des Crêtes* fahren und in den Abgrund blicken ▶ **S. 132**

Am *Strand von Pampelonne* chillen und Yachten bestaunen ▶ **S. 135**

Durch den *Unterwasserlehrpfad von Port Cros* schnorcheln ▶ **S. 139**

Mit dem Kajak durch die beeindruckenden *Calanques* paddeln ▶ **S. 143**

Start & Spot **16**

Saint-Tropez
Bikini meets Abenddress ▶ S. 134

Optionaler Anschluss: Tour C, Tour D

10 km
Nach einer aufregenden Zeit im Hotspot der Schönen und Reichen verlässt du das ehemalige Fischerdorf Saint-Tropez vom Parkplatz am Nouveau Port über die Avenue du Général de Gaulle, bis du am Kreisverkehr Rotonde des Plages nach links auf die D93 in Richtung Ramatuelle abbiegst. Nun folgst du der Straße für etwa neun Kilometer, bis sie zur D61 wird, wenig später bist du in Ramatuelle.

Ramatuelle

Das kleine *village perché* ist mit seinem schneckenartig angelegten Ortskern eines der typisch mittelalterlichen Dörfer an der Côte d'Azur. Enge, verwinkelte Gassen mit den niedlichen Veranden, Treppen und Plätzen, auf denen sich hübsche Geschäfte und Cafés befinden, laden zum Schlemmen und Verweilen ein. Besonders nett ist das Dorf jeden Donnerstag zum Marktgeschehen.

P *Ein paar Meter unterhalb der Stadt befindet sich auf dem Chemin de la Calade (GPS: 43.215049, 6.614703) ein Gratis-Parkplatz mit viel Schatten. Von dort geht es zu Fuß am Théâtre de Verdure vorbei ins Dorf.*

1,5 km
Am besten vom Parkplatz in Ramatuelle wieder die Straße La Rocade nach oben fahren, bei den zwei Kreisverkehren immer Richtung Centre Ville halten und dem Boulevard du 8 Mai 1945 folgen bis zum **Chemin des Moulins de Paillas.** Die gewundene Straße führt dich aus dem Dorf hinaus, du folgst ihr für einen Kilometer, bis auf der linken Seite ein Schotterplatz kommt.

📷 *Auf dem Schotterplatz am Straßenrand kannst du noch einmal halten und die fantastische Aussicht auf die Bucht von Pampelonne, die Weinfelder und die vor Anker liegenden Mega-Yachten genießen (GPS: 43.208915, 6.606974).*

4 km
Bis zum nächsten Zwischenziel sind es nur ein paar Minuten Fahrt über den Chemin des Moulins de Paillas, vorbei an den gleichnamigen **Windmühlen,** die den höchsten Punkt der Halbinsel markieren. Es geht nun den bewaldeten Bergkamm wieder sanft hinab, und nach wenigen Kilometern ist das Winzerdorf Gassin erreicht, wo du einen kurzen Zwischenstopp einlegen kannst.

Gassin

In dem Dörfchen, das stolz den Ehrentitel „eines der schönsten Dörfer Frankreichs" trägt, schlängelst du dich durch die hübschen, schmalen Gassen, durch die manchmal nur eine Person passt, bis zur **Place des Barrys.** Von den schicken Terrassen dort hast du einen wunderbaren Blick über den Golf von Saint-Tropez und das Massif des Maures im Hintergrund.

P *Deinen Camper kannst du auf dem kostenlosen Parkplatz am Fuße des Dorfes an der Straße Montée Ven Terraou (GPS: 43.230942, 6.585308) abstellen und von dort ins Dorf laufen.*

17 km | Nach einem kurzen Bummel durch die niedlichen Gassen von Gassin steigst du wieder in den Camper und fährst ein kurzes Stück über die Straße, von der du gekommen bist (Chemin des Moulins de Paillas). Kurz hinter der Dorfausfahrt hältst du dich rechts an der Abzweigung Richtung **La Croix-Valmer,** das du nach etwa drei Kilometern erreichst. Hier nimmst du die zweite Ausfahrt am Kreisverkehr Richtung **Cavalaire-sur-Mer** und folgst der D559 für zwölf Kilometer. Auf der Fahrt passierst du den genannten Badeort an der Côte des Maures mit seinem lang gestreckten Strand an der Straße. Wenn du Lust hast, halte kurz an und spring in die herrlich erfrischenden Fluten, bevor es ein kurzes Stück weiter bis nach Le Rayol geht.

GUT GEHALTEN

Von der alten Moulin de Paillas geht der Blick bis aufs Meer.

HERRLICH ENTSPANNT

In der Domaine du Rayol baumelt die Seele.

Domaine du Rayol

In den Gärten der Domaine du Rayol kannst du auf Weltreise durch die verschiedenen Kontinente gehen. Rund um die prächtige Art-déco-Villa wurde ein herrlicher Park mit Gärten aus allen mediterranen Regionen der Welt angelegt, deren Blütenpracht betört. Im Sommer ist übrigens im dazugehörigen Unterwasserlehrpfad mit den Fischen gut schnorcheln (Mitte Juni–Mitte September tgl. n. V.).

ℹ️ Jan.–März u. Nov./Dez. 9.30–17.30 Uhr, April–Juni u. Sept./Okt. 9.30–18.30 Uhr, Juli/Aug. 9.30–19.30 Uhr | 12 € | Avenue Jacques Chirac | Rayol-Canadel-sur-Mer | domainedurayol.org

🅿️ Direkt vor der Domaine gibt es einen kleinen Parkplatz, sehr große Mobile sollten etwas weiter weg an der Avenue Etienne Gola parken (GPS: 43.158949, 6.480775).

25 km | Weiter geht die Reise über die D559 entlang kleiner Badeorte und Ausläufer von Le Lavandou, wo zu deiner Linken schöne Buchten und Strände mit klingenden Namen wie die Plage d'Aiguebelle liegen. Nach zwölf Kilometern erreichst du den Hafen von **Le Lavandou** und fährst weiter über die D559 durch Bormes-les-Mimosas. Außerhalb der Stadt geht die Straße in die D98 über, der du vier Kilometer bis zu einem Kreisverkehr folgst und dich dort Richtung *Jardin Zoologique* hältst. Danach ist Château Sainte-Marguerite ausgeschildert.

Château Sainte-Marguerite

Einen kurzen Halt in dem eleganten, aber herzlichen Weingut Château Sainte-Marguerite, das ausschließlich vegane Bio-Weine produziert, solltet ihr unbedingt einplanen. Vom modernen Hauptgebäude aus Metall und Glas hat man eine fantastische Aussicht auf die Weinberge, und in der Boutique könnt ihr euch durch die Cru-classé-Weine probieren, die ungemein erfrischend daherkommen.

ℹ️ *Mo–Sa 9–19 Uhr | 381, route de Valcros | La Londe-Les-Maures | Tel. +33 4 94 00 44 44 | chateausaintemarguerite.com*

Rendezvous mit einem Winzer

*Von Montag bis Samstag kannst du nach Anmeldung an einer **kostenlosen Tour** durch das Weingut Château Saint-Marguerite teilnehmen.*

23 km Zurück geht's auf die D98, der du am Kreisverkehr Richtung Toulon/ Hyères folgst. Nach knapp acht Kilometern biegst du nach rechts auf die D12 und fährst nun langsam südwärts auf die Halbinsel von Giens. Bei den alten Salinen von Hyères wird die Straße zur D42, und nach sechs Kilometern nimmst du hinter dem Flughafen von Hyères die D197 Richtung La Capte/Pres'quile de Giens. Zu deiner Rechten die **Salins des Pesquiers:** Vielleicht erhaschst du schon einen Blick auf Flamingos und die vielen anderen Vögel in den Salzbecken. Nach weiteren sieben Kilometern erreichst du den Hafen von Giens.

Spot 17 **Presqu'île de Giens**
Den Goldinseln zum Greifen nah ▶ **S. 138**

13 km Von Giens startest du über die D197 in Richtung Norden und nimmst beim großen Kreisverkehr die Ausfahrt nach La Madrague. Über die Route de Sel geht's zwischen dem kilometerlangen Strand auf deiner Linken und dem Étang des Pesquiers immer weiter nordwärts. Wenn das Wetter gut ist, halte noch einmal an einem der vielen Parkplätze: rauf auf die kleinen Dünen und die Kitesurfer bei ihren Stunts bestaunen. Hinter den Salinen folgst du der zweiten Ausfahrt beim Kreisverkehr in Richtung Toulon/Hyères (D559) für sechs Kilometer, bis die Innenstadt von Hyères erreicht ist.

Hyères

Die schmale, verwinkelte Altstadt von Hyères ist Provence pur – krumme Gassen, nette Läden und tratschende Nachbarn inklusive. Besonders schön ist ein kleiner Bummel von der Place de la République über die gleichnamige Straße bis zur Rue Massilon mit ihren vielen kleinen Lebensmittelläden, die wie ein einziger bunter Markt wirken. Kultur- und Designfreunde werden sich einen Besuch im Kunstzentrum **Villa de Noailles** *(tgl. | Montée des Noailles | villanoailles-hyeres.com)* nicht entgehen lassen.

P *Der kostenlose, öffentliche Parkplatz befindet sich an der Place Louis Versin (GPS: 43.116485, 6.133286), von dort bist du im Nullkommanichts in der Altstadt.*

59 km Du verlässt Hyères über die Avenue Léopold Ritondale (D98) und folgst ihr am großen Kreisverkehr mit den Palmen weiter geradeaus. Nun bist du auf der Schnellstraße A570, die nach neun Kilometern in die Autobahn A57, später in die A50 übergeht. Über diese fährst du an Toulon vorbei und nimmst nach knapp 49 Kilometern die Ausfahrt 9 nach La Ciotat. Nach der Autobahn landest du auf der D40B, der du über mehrere Kreisverkehre hinweg Richtung La Ciotat – Centre folgst.

La Ciotat

Neben dem prägnanten Hafen mit den vielen alten Werften locken vor allem die tollen Strände in La Ciotat, wie die Grande Plage oder die Plage Lumière, mit feinem Sand und türkisblauem Wasser.

P *Direkt am Hafen befinden sich mehrere kostenpflichtige Parkplätze (GPS: 43.173283, 5.610814), die vor allem im Sommer sehr voll werden können. Eine Alternative sind kleinere Parkplätze etwas weiter weg (GPS: 43.185536, 5.616542).*

15 km Vom Stadtzentrum folge westwärts der Avenue du Président JF Kennedy und der Avenue Marcel Camusso (D141), bis du auf die Zufahrt zur **Route des Crêtes** stößt, auf der du nach 15 Kilometern Cassis erreichst. Die Panoramaroute zwischen Cassis und La Ciotat gehört zu den atemberaubendsten Straßen, die du auf deiner Tour in Südfrankreich fahren kannst. Entlang zahlreicher Aussichtspunkte windet sich die Corniche kurvenreich über das Felsmassiv und bietet von etlichen Parkplätzen immer wieder fantastische Blicke auf das Mittelmeer oder das Landesinnere der Provence.

Insider-Tipp

Alarmstufe rot

Informiere dich am besten vorher, ob die Route des Crêtes aufgrund von **Brandgefahr** *geschlossen ist (Facebook: Parc national des Calanques).*

📷 *Den sensationellsten Blick von den Klippen auf die Bucht von Cassis hast du direkt von den Felsen beim Cap Canaille (Parkplatz bei GPS 43.199286, 5.553062). Aber Achtung: nicht zu nah herangehen!*

Ziel & Spot **18**

Cassis
Versteckte Buchten, imposante Felsen und ganz viel Meer ▶ **S. 142**

Optionaler Anschluss: Tour **F**

SENSATIONELL

Der Blick vom Cap Canaille auf die Bucht von Cassis ist einfach überwältigend.

Spot  16

Saint-Tropez
Bikini trifft auf Abenddress

Es war einmal ein beschauliches Fischerdorf ... Ein verflixt hübsches allerdings, bis in den Fünfzigern die Stars aus Hollywood hier anlandeten. Und wenn nun in den Sommermonaten die Ferraris und Mega-Yachten Einzug halten, ist alles in Saint-Trop' eine *grande fête*. Abgesehen vom Promispektakel gibt es jede Menge zu entdecken: Die Halbinsel lockt mit weitläufigen Weingütern, schmucken Dörfern, kilometerlangen Stränden, hippen Beachclubs und dem azurblauen Meer. Kein Wunder, dass alle diesen *place to be* lieben.

P *Gebührenpflichtiger Parkplatz am Nouveau Port, Avenue du Général de Gaulle (GPS: 43.268553, 6.632793).*

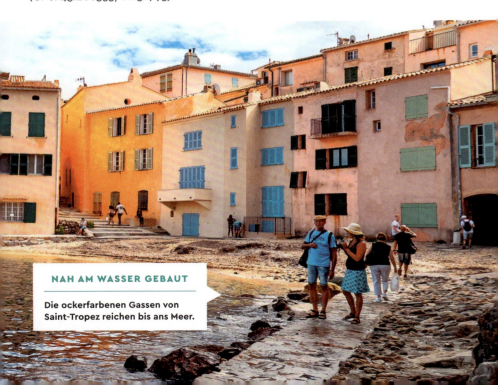

NAH AM WASSER GEBAUT

Die ockerfarbenen Gassen von Saint-Tropez reichen bis ans Meer.

AKTIVITÄTEN & SIGHTSEEING

1 Einen Altstadtrundgang unternehmen

In die wunderschöne Altstadt mit den zitronengelben bis zinnoberroten Gassen und den schicken Boutiquen gelangst du am besten von der zentralen **Place des Lices** aus. Von dort kannst du dich treiben lassen, bis du irgendwann am Hafen mit den Luxusyachten ankommst und weißt, was „sehen und gesehen werden" tatsächlich bedeutet.

2 An der Plage du Pampelonne chillen

Südseefeeling auf 5 km Länge! Goldgelb glänzt der Sand und lädt geradezu ein, darauf sein Handtuch auszubreiten. Wer Lust auf etwas Remmidemmi hat, kann sich eine Liege in einem der halbelitären Nobelrestaurants oder Loungeclubs schnappen. Chilligen Boho-Style gibt's im **Indie Beach House**. *Infos: Mai–Sept. tgl. | €€ | Route de Bonne Terrasse | Ramatuelle | indiebeachhouse.com*

3 Über den Sentier Littoral die Küste entlangwandern

Raus aus dem Trubel, rein in die Natur! Die Wanderung geht los am Hafen, dann den „*Piétons*"-Schildern folgen bis du zur Baie des Cannebiers. Nimm deine Badesachen mit, denn von dort geht es weiter entlang des azurblauen Meeres, das hinter jeder Kurve verlockender aussieht. ***Startpunkt:*** *Tour Portalet am Rand des Hafens | Parken am Nouveau Port, GPS: 43.268553, 6.632793 | Saint-Tropez*

4 Hinauf zum Château de Grimaud und picknicken

Schon von Weitem entdeckst du die Türmchen der Burgruine, die malerisch auf dem Hügel thront. Bevor du den Aufstieg wagst, versorge dich im niedlichen Dorf mit ein paar Leckereien. Vielleicht ein paar Oliven oder ein leckeres Törtchen? Dann geht's über steile Treppen hinauf, bis sich von oben eine fantastische Aussicht bis zum Meer auftut. So schmeckt das Picknick umso besser! ***Infos:*** *12 km von Saint-Tropez | Parken an der Piste Serge Fougère, GPS: 43.275971, 6.521972*

ESSEN & TRINKEN

5 Senequier

Seit Jahren *die* Institution in Saint-Trop'! Und falls du dich wunderst, wieso du für einen Kaffee und ein Stück Blätterteig so viel ausgeben sollst wie andernorts für ein Hauptgericht, lass dir gesagt sein: Die Croissants sind eine Klasse für sich. Mit Blick auf Mega-Yachten das zarte Gebäck in den Cappuccino dippen, ist einfach Saint-Tropez-Feeling pur! ***Infos:*** *tgl. | 29, quai Jean-Jaurès | Saint-Tropez | Tel. +33 4 94 97 20 20 | senequier.com | €€€*

Insider-Tipp
Törtchen, Törtchen

Im Innenraum des Senequier findest du eine versteckte **Patisserie** *– hier gibt's Kreationen zum Dahinschmelzen zu relativ erschwinglichen Preisen.*

6 Restaurant La Petite Plage

Mit den Füßen im Sand bekommst du hochwertige Mittelmeerküche und dazu musikalische Untermalung vom DJ. *Infos: tgl. | 9, quai Jean-Jaurès | Saint-Tropez | Tel. +33 4 94 17 01 23 | restaurant-lapetiteplage.com/saint-tropez | €€€*

EINKAUFEN

7 Château Minuty

Weintasting mit Stil? Natürlich in Saint-Tropez! Außerhalb der Stadt liegt das stylische Weingut Château Minuty, wo du in erlesener Gesellschaft hervorragende Rosé-Weine probieren kannst. *Infos: tgl. | 2491, route de la Berle | Gassin | minuty.com*

8 Markt auf der Place des Lices

Ganz Saint-Tropez und Umgebung schlendert an Markttagen über die platanengesäumte Place des Lices, wo Händler von nah und fern bunte Stände mit Obst und Gemüse, Oliven und Gewürzen aufgebaut haben. *Infos: Di u. Sa 8–13 Uhr | Place des Lices | Saint-Tropez*

AUSGEHEN

9 Le Quai

Das (Nacht-)Leben von Saint-Tropez spielt sich natürlich am Hafen ab. Nachdem du eine Runde entlang der glitzernden Superyachten inklusive Bewunderung ihrer Unterwasserbeleuchtung gedreht hast, wird es Zeit, sich für eine der vielen Ausgehmöglichkeiten zu entscheiden. Ausgelassene Stimmung, tolle Livemusik und spektakuläre Shows findest du im Le Quai direkt am Kai. *Infos: tgl., Reservierung notwendig | 22, quai Jean Jaurès | Saint-Tropez | Tel. +33 4 94 97 04 07 | lequaisaint-tropez.com*

BUNTES MARKTTREIBEN

Auf der Place des Lices kann man sich an den Farben und Leckereien kaum sattsehen.

STELL- & CAMPINGPLÄTZE

10 Fußläufig zum Strand

Nur 150 Meter sind es vom gemütlichen Campingplatz inmitten der Weinfelder bis zum Strand – mehr Beach-Feeling geht nicht! Noch dazu sind die Betreiber supernett und heißen dich auf ihrem entspannten Platz herzlich willkommen. Deinen Stellplatz darfst du dir aussuchen und es dir unter großen Pinien oder auf einer grünen Wiese gemütlich machen. Die Ausstattung ist schlicht und einfach gehalten, dafür wunderbar bodenständig und sauber. Im Sommer gibt es gelegentlich Tanzabende und Livemusik. Was braucht man mehr, wenn man das Meer direkt vor der Haustür hat?

La Vigneraie 1860 ✳

€€€ | Chemin des Moulins | Ramatuelle Tel. +33 4 94 97 17 03 | la-vigneraie-1860.fr GPS: 43.241422, 6.660446

▶ *Größe: 2 ha (besser vorher reservieren), Glamping-Schlaffässer vorhanden*

11 Vergnügungscamping für die ganze Familie

Hier gibt's Campingunterhaltung von A bis Z! Die Franzosen lieben ihre Feriendörfer, und wer mit Kids unterwegs ist, weiß die vielfältigen Bespaßungsmöglichkeiten sicher zu schätzen. Aber auch große Kinder sausen gerne die Wasserrutschen hinunter, planschen im Wasserpark oder toben sich bei diversen Sportarten aus. Die Stellplätze liegen terrassenartig unter schattigen Pinien auf einem großen Hügel, doch wer es etwas luxuriöser mag, kann sich auch in einem Cottage oder Chalet einquartieren. Der Platz gehört zur Nachbargemeinde Ramatuelle, nach Saint-Tropez fährt man von dort zehn Minuten.

Yelloh! Village Les Tournels

€€€ | 1510, route de Camarat | Ramatuelle Tel. +33 4 94 55 90 90 | yellohvillage-les-tournels.com GPS: 43.205670, 6.650811

▶ *Größe: 20 ha, Mobile-Homes vorhanden*
▶ *Ausstattung: Wasserpark, Restaurants, Kinderanimation, Fitnessbereich, Spa u.v.m.*

Presqu'île de Giens
Den Goldinseln
zum Greifen nah

Türkisblaues Wasser, goldgelbe Sandstrände, weiße Yachten in den Buchten – ist das schon die Karibik? Nein, aber die Îles d'Or – die Goldinseln der Côte d'Azur. Das quirlige Porquerolles lockt mit Beach-Hopping und ausgedehnten Fahrradtouren, während Port Cros mit seinem Nationalpark Schnorchelspaß und Natur pur verspricht. Die entspannte Halbinsel Giens ist dabei der perfekte Ausgangspunkt für Inselabenteuer und sportliche Aktivitäten am Meer.

KARIBIK-FEELING

Versteckte Buchten, grüne Klippen und türkisblaues Meer gibt's auf Porquerolles.

AKTIVITÄTEN & SIGHTSEEING

① Biken und Beach-Hopping auf Porquerolles

Lärm? Fehlanzeige! Auf dem autofreien Porquerolles ist das Fahrrad der perfekte Begleiter. Also, leih dir ein Mountainbike und auf zum Beach-Hopping über die Traumstrände der Insel! *Infos: Fahrradverleih Le Cycle Porquerollais | 7, rue de la Ferme | velo-porquerolles.fr | 18 € pro Tag | Fähre von Giens (La Tour Fondue) mit TLV-TVM, 5–20 x tgl., 15 Min.*

② Im Unterwasserlehrpfad von Port Cros schnorcheln

„Pack die Badehose ein …" plus Schnorchelausrüstung, dann ab nach Port Cros! Die Insel samt Gewässer ist Nationalpark, weshalb du auf dem **Sentier Soumarin** die einzigartige Unterwasserwelt erkunden kannst. Hier schnorchelst du inmitten der Fische, das Meer wirkt wie ein riesiges Aquarium – bloß ohne Scheibe. *Infos: Mitte Juni–Mitte Sept. | Plage de la Palud | portcrosparcnational.fr | Fähre von Hyères mit TLV-TVM, Juli/Aug. 4 x, sonst 1–3 x tgl., 40 Min.*

③ Mit dem SUP durch die Buchten paddeln

Die Sonne scheint, und du bekommst nicht genug vom Meer? Dann schnapp dir ein SUP-Board – damit paddelst du entspannt durch die Buchten von Porquerolles und kannst zwischendurch ins glasklare Mittelmeer hopsen! *Infos: SUP-Verleih bei Attitude Paddle | am*

westlichen Ende der Plage de la Courtade, GPS: 43.001824, 6.207639 | en.attitudepaddle.com | 10 € pro Stunde

④ In den Salins des Pesquiers die Vogelwelt beobachten

Rosa Gefieder, lange Beine: eindeutig Flamingo! Diese und andere Vogelarten kann man in den Salins des Pesquiers entdecken. Wer mag, schließt sich einer Führung (frz.) an und erfährt alles über die Salzernte, die Pflanzen- und Tierwelt der Salinen. *Infos: Les Salins des Pesquiers | GPS: 43.066037, 6.145868 | Juni/Juli u. Sept./Okt. Do 10–11.30 Uhr, Aug. Di 10–11.30 Uhr | 9 € pro Person, Tickets reservieren | hyeres-tourisme.com/lhistoire-du-sel*

REGENTAG – UND NUN?

⑤ Kunst zu Barfuß

Bei Schlechtwetter kannst du dir die Zeit mit Kultur vertreiben. In der spektakulären Villa der **Fondation Carmignac** auf Porquerolles findest du Spitzenwerke zeitgenössischer Künstler wie Warhol oder Lichtenstein. Besonders: Im blütenweißen Bau ist Barfuß Pflicht. Rucksack und Schuhe bleiben im Schließfach, damit du Kunst und den umliegenden Park hautnah erlebst. *Infos: Di–So 10–18 Uhr, letzter Einlass 16.30 Uhr | Piste de la Courtade | Île de Porquerolles | fondationcarmignac.com | 15 €*

ESSEN & TRINKEN

6 Le Pradeau Plage

Über einen Fußweg und hinter einem Tor erreichst du das abgelegene Restaurant. Nach Einlass öffnet sich eine versteckte Welt mit toller Einrichtung und exzellentem Essen direkt am Strand. Täglich wechselnde Gerichte, abhängig vom Fang des Tages. *Infos: tgl. | 1420, avenue des Arbanais | Hyères | Tel. +33 4 94 58 29 06, Reservierung empfohlen | pradeauplage.com | €€*

7 L'Orangeraie

Im entspannten Inselrestaurant mit lässiger Beachdeko bekommst du raffinierte Speisen in herrlicher Umgebung. *Infos: tgl. | Place d'Armes | Île de Porquerolles | Tel. +33 4 94 57 54 22, Reservierung empfohlen | orangeraie-porquerolles.fr | €*

Insider-Tipp

Dîner mit Aussicht

*Lass dir beim Reservieren im **L'Orangeraie** einen Tisch auf der Meeresterrasse geben – der Blick bei Sonnenuntergang ist phänomenal!*

EINKAUFEN

8 Markt in La Capte

Auch auf der Halbinsel findet wöchentliches Markttreiben statt. Besonders beliebt ist der bunte Wochenmarkt in La Capte, bei dem mehr als 100 Stände zum gemütlichen Bummel einladen. *Infos: April–Sept. Fr 7–13 Uhr | Avenue de la Pinède | La Capte | Hyères*

9 Domaine de la Courtade

Zwischenstopp mit Weindegustation? Auf Porquerolles Bio-Weingut erfährst du bei einer Führung alles über seine Philosophie, die Weinherstellung

EASY LIVING

Womo-Tür auf, Tisch und Stühle raus – und einfach nur genießen!

und das einzigartige Terroir der Insel. Hinterher gibt's kühle Rosé- und Weißweine zum Probieren. *Infos: Juni–Nov., Führung Di–So 11 Uhr n. Reservierung | Chemin Notre Dame | Île de Porquerolles | lacourtade.com*

STELL- & CAMPINGPLÄTZE

10 Perfekt für die Insel

Der nette Platz am südlichsten Zipfel der Halbinsel besticht durch seine Lage am Hafen. Auf terrassierten Parzellen finden Reisemobile jeder Größe Platz, mit Glück sogar einen mit Meerblick. Die Ausstattung ist bis auf ein Bistro und einen Minishop eher schlicht, aber was soll's, wenn man in der Hängematte liegt und von dort aufs glitzernde Meer blickt ... Nur zwei Fußminuten bis zum Fähranleger, daher eignet sich der Platz perfekt für Ausflüge nach Porquerolles.

Camping La Tour Fondue 🐾

€€ | Avenue des Arbanais | Hyères Tel. +33 4 94 58 22 86 | camping-latourfondue. com GPS: 43.029561, 6.156259

▸ **Größe:** *2 ha, Mobile-Homes vorhanden*
▸ **Ausstattung:** *Bistro, Minishop*

11 Für Kite- und Windsurfer

Direkt am Naturschutzgebiet Parc des Chevaliers liegt der idyllische Campingplatz im Schatten duftender Pinien und Eukalyptusbäume, der besonders bei Kite- und Windsurf-Fans beliebt ist. Kein Wunder – bis zum Meer sind es nur 200 m, und ein bekannter Surf-Spot ist ganz in der Nähe. Aber auch als Nicht-Surfer kann man hier mit toller Aussicht aufs Wasser hervorragend chillen. Viel Ausstattung gibt's nicht, dafür viel Natur, lockere Surf-Vibes, entspannte Betreiber und ein kleines Restaurant mit leckerer Pizza. Wer nach Porquerolles übersetzen will, fährt zehn Minuten bis zum Hafen von Giens.

Camping Olbia 😊

€€ | 545, avenue René de Knyff | Hyères Tel. +33 4 94 58 21 96 | camping-olbia.com GPS: 43.039554, 6.103374

▸ **Größe:** *ca. 100 Stellplätze*
▸ **Ausstattung:** *Spielplatz, Restaurant, Minishop*

Cassis
Versteckte Buchten, imposante Felsen und ganz viel Meer

Geschützt zwischen den atemberaubenden Fjordlandschaften der Calanques und dem imposanten Cap Canaille versteckt sich das hübsche Hafenstädtchen Cassis. Lange als Saint-Tropez für Arme belächelt, hat sich das Fischerdorf mittlerweile zum Lieblingswochenendziel der Marseillais gemausert. Kein Wunder – es locken Sternerestaurants und Nobelboutiquen, aber auch attraktive Wander- und Boots-touren in den Nationalpark mit seinen geheimen Buchten, steilen Felskanten und dem azurblauen Meer.

P *Kostenpflichtige Parkplätze entlang der Straße, Avenue des Carriers, ca. 10 Minuten zu Fuß bis zum Hafen (GPS: 43.217587, 5.531575).*

ERSTE REIHE

Von den Cafés im Hafen habt ihr die Boote, das Cap Canaille und die Burg bestens im Blick.

AKTIVITÄTEN & SIGHTSEEING

① Zu den majestätischen Calanques paddeln

Schnappt euch ein Kajak und geht mit **Lo'kayak Cassis** auf Paddeltour in die Calanques. Denn die atemberaubenden Fjorde mit dem unfassbar blauen Wasser sind nur zu Fuß oder per Boot erreichbar. Vorteil des Kajaks: Ihr könnt in jeder Bucht anhalten und so lange baden und chillen, wie ihr wollt! *Infos: Verleih Lo'Kayak Cassis | 4, place Montmorin | Cassis | lokayakcassis.com | in der Hochsaison 3 Std. 25 €, 6 Std. 45 €, Nebensaison 20 € bzw. 40 €*

② Durch die niedliche Innenstadt flanieren

Kleine Plätze, helles Kopfsteinpflaster, enge Gässchen – Cassis ist der Inbegriff eines provenzalischen Städtchens, das bereits von den Römern bewohnt wurde. Starte deinen Stadtbummel am besten an der **Place de la Republique,** wirf unterwegs den einen oder anderen Blick in die vielen schönen Geschäfte und Boutiquen, bis du am Ende am Hafen ankommst, wo viele Segelboote und die imposante Burg zu bestaunen sind.

③ In die versteckten Buchten wandern

Hiking-Fans, aufgepasst: Die sog. Drei-Calanques-Tour über Port Pin bis zur Badebucht Calanque d'En Vau ist die schönste Wanderung im Nationalpark und auch für ungeübte Wanderer machbar. Festes Schuhwerk ist allerdings Pflicht! Ausführliche Wanderkarten bekommst du im **Office du Tourisme.** *Infos: tgl. 9–13 u. 15–18.30 Uhr | Office du Tourisme | Quai des Moulins | Cassis*

④ Beim Apéro in den Sonnenuntergang schippern

Stell dir vor, du gleitest auf einem Boot lautlos durchs türkisblaue Wasser, zu beiden Seiten türmen sich steile Felswände – und in der Hand ein kaltes Getränk, nachdem du dich zuvor im Meer von einem heißen Sommertag abgekühlt hast. Ein Traum? Nee, kannst du haben: auf der „Apéro & Baignade"-Tour mit dem Hybridboot von **Le Canaille.** *Infos: Le Canaille | Quai Saint Pierre | Mai–Sept. tgl., Start: ca. 19 Uhr, Dauer 1,5 Std. | 25 € | Reservierung über SMS +33 7 81 91 72 97 | 25 € | calanques-cassis-canaille.fr*

ESSEN & TRINKEN

⑤ Same Same Beach

Direkt über der Felsbucht an der Plage de Bestouan befindet sich das schicke Bistro-Restaurant mit Beachbar-Charakter. Hier kannst du dich auf Liegen oder Daybeds entspannen und kühle Drinks schlürfen. Dazu werden etwa gegrillter Fisch und hausgemachte Burger serviert. *Infos: Mai–Okt. tgl. | 15, avenue de l'Amiral Ganteaume | Cassis | Tel. +33 6 11 88 92 66, Reservierung empfohlen | €€*

6 Pastis et Compagnie

„Pastis und Gesellschaft" – der Name beschreibt das provenzalische Lebensgefühl im kleinen Straßencafé par excellence. Wenn der kauzige Besitzer Roger mit Zigarre im Mund verschiedene Sorten Pastis einschenkt, während man in einer schiefen Gasse an Wachstischdecken sitzt, könnte einem Frankreich kaum authentischer vorkommen! Auf jeden Fall den Pastis „Lou Garagai" probieren – hier schmeckt man die ganze Kräuterpracht der Garrigue! *Infos: tgl. | 9, rue Brémond | Cassis | €*

7 D'une Rive à L'Autre

Libanon meets Provence – im gemütlichen Eckrestaurant in einer Gasse gibt's Fusion-Küche aus Orient und Okzident. Wer Lust auf eine Alternative zu traditionell französischen Gerichten hat, wird die Mezze-Platte lieben! *Infos: tgl. |*

9, rue Pasteur | Cassis | Tel. +33 4 42 01 24 84 | €€

8 L'Artisan Glacier

Was wäre ein Stadtbummel ohne ein Eis auf die Hand? Hier bekommst du die leckersten Sorbets und Eiskreationen der Stadt. Und das Beste: Alle sind hausgemacht und vor Ort hergestellt! *Infos: tgl. | 19, rue Michel Blanc | Cassis | €*

EINKAUFEN

9 Markt auf der Place Baragnon

Mittwochs und freitags findet vor dem Rathaus der bunte, provenzalische Markt statt, auf dem du die süßen Früchte der Region, Gemüse in allen Farben, Käse- und Wurstspezialitäten sowie alles, was man in der Küche so braucht, erwerben kannst. *Infos: Mi u. Fr 8–13.30 Uhr | Place Baragnon | Cassis*

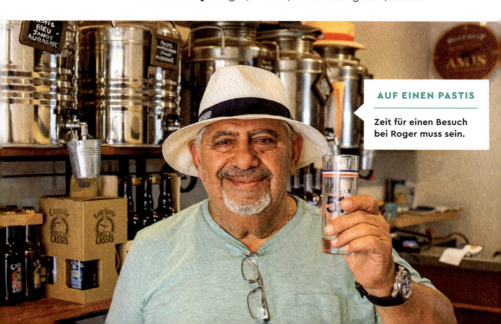

AUF EINEN PASTIS

Zeit für einen Besuch bei Roger muss sein.

Shopping im Mondlicht

Ein besonderes Highlight ist der **Nachtmarkt an der Place Baragnon** mit Mode, Kunsthandwerk und Co. (Juli/Aug. tgl. 18 Uhr)!

STELL- & CAMPINGPLÄTZE

10 Fußläufig zur Innenstadt

Wer gerne nah am Geschehen ist, kommt an diesem Platz nicht vorbei. Zwar nicht mehr der Allerneueste, bietet er jedoch die ideale Lage, um die Stadt zu Fuß oder per Bus zu erreichen. Plane für den Abstieg vom Hügel etwa 15 Minuten und beim Rückweg noch ein paar Verschnaufpausen ein. Zurück kannst du es dir auf den großzügigen Stellplätzen mit deinem Camper gemütlich machen. Viel Ausstattung gibt es hier nicht, und obwohl das Sanitärgebäude schon etwas in die Jahre gekommen ist, erfüllt es dennoch seinen Zweck.

Camping Les Cigales ☀

€€ | 43, avenue de la Marne | Cassis
Tel. +33 4 42 01 07 34 | campingcassis.com
GPS: 43.224072, 5.541815

▸ **Größe:** *250 Stellplätze*
▸ **Ausstattung:** *Bar, Restaurant, Minimarkt*

11 Alternative in La Ciotat

Auf der anderen Seite de Cap Canaille befindet sich dieser angenehm freundliche Campingplatz im schmucken La Ciotat. Auf den schattigen Parzellen finden selbst größere Wohnmobile ein idyllisches Plätzchen, wobei keine üppige Ausstattung zu erwarten ist. Dafür ist die Atmosphäre umso entspannter, der Weg bis zum Meer nicht weit. In zehn Minuten bist du am Strand und ein paar Schritte weiter bereits an der Hafenpromenade.

Camping de la Sauge

€€ | 999, avenue Fernand Gassion | La Ciotat
Tel. +33 4 42 83 47 65 | campingdelasauge.com
GPS: 43.185313, 5.607333

▸ **Größe:** *110 Stellplätze*
▸ **Ausstattung:** *Minimarkt*

FARBENFROH

Orange, gelb, terrakotta –
in Roussillon dreht sich
natürlich alles ums Ocker.

Tour

Multikulti-Metropole meets Provinz-Provence
Von Marseille in den Luberon

Start & Spot **19** **Marseille** ▶ S. 156

103 km

Spot **20** **Aix-en-Provence** ▶ S. 162

106 km

Ziel & Spot **21** **Luberon** ▶ S. 166

Hier trifft Großstadtdschungel auf entzückende Dörfer! Tauche ein ins aufregende City-Feeling von Marseille, entdecke die idyllischen Dörfer des Luberon, staune über die pittoresken Ockerlandschaften von Roussillon und wandere durch die duftenden Lavendelfelder der Provence. Was jetzt noch fehlt? Ein erfrischender Abstecher mit Badestopp in den Calanques der Côte Bleue und ein herrlich entspannter Bummel mit ausgiebigem Cafébesuch in der lebhaften Studentenstadt Aix-en-Provence!

Strecke 209 km

Reine Fahrzeit 3 Std. 50 Min.

Streckenprofil Zum einen gut ausgebaute Autobahnen rund um Marseille und Aix-en-Provence inkl. Mautgebühren, zum anderen kurvige Landstraßen mit einigen Steigungen im Luberon. Rund um Marseille kann es in Stoßzeiten zum Stau kommen.

Empfohlene Dauer 8 Tage

Anschlusstouren
B E

FACTS

Tour **F**
im Überblick

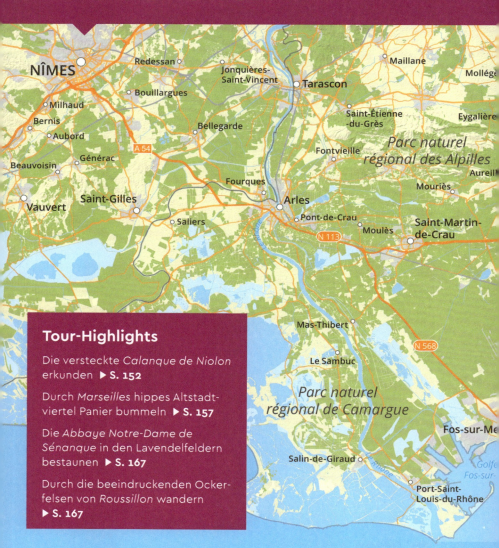

NÎMES
Redessan
Jonquières-Saint-Vincent
Maillane
Mollégè
Bouillargues
Tarascon
Milhaud
Saint-Étienne-du-Grès
Eygalière
Bernis
Bellegarde
Aubord
A 54
Parc naturel régional des Alpilles
Fontvieille
Beauvoisin
Générac
AureilN
Fourques
Mouriès
Vauvert
Saint-Gilles
Arles
Saliers
Pont-de-Crau
Saint-Martin-de-Crau
N 113
Moulès
Mas-Thibert
N 568
Le Sambuc
Parc naturel régional de Camargue
Fos-sur-Me
Salin-de-Giraud
Golfe Fos-sur-
Port-Saint-Louis-du-Rhône

Tour-Highlights

Die versteckte *Calanque de Niolon* erkunden ▶ **S. 152**

Durch *Marseilles* hippes Altstadt-viertel Panier bummeln ▶ **S. 157**

Die *Abbaye Notre-Dame de Sénanque* in den Lavendelfeldern bestaunen ▶ **S. 167**

Durch die beeindruckenden Ocker-felsen von *Roussillon* wandern ▶ **S. 167**

Golfe du Lion

Mer Méditerranée

8 km

Start & Spot ⑲

Marseille
Die echte Überraschung und rundum multikulti ▶ S. 156

Optionaler Anschluss: Tour Ⓓ

12 km

Nach einer aufregenden Zeit in Marseille verlässt du die Metropole in Richtung Norden. Ein letzter Blick auf die Boote im Alten Hafen und ein Gruß hinauf zur Basilika Notre-Dame-de-la-Garde, die auf dem Hügel über der Stadt wacht, dann geht es auf die Autobahn A55, die dich am Hafen vorbei in Richtung L'Estaque führt. An der Ausfahrt 6B (Saint-Antoine) verlässt du die Autobahn und folgst der D4 für knapp drei Kilometer geradeaus, bis du in den Sträßchen des Künstlerdorfs L'Estaque landest.

L'Estaque

Eigentlich nördlichster Stadtteil von Marseille, fühlt sich L'Estaque doch eher an wie ein beschauliches Provinznest. Aber eines von kultureller Bedeutung: Wusstest du, dass einst eine ganze Malerkolonie von Braque über Cézanne und Dufy bis Renoir hier lebte und wirkte? Heute kannst du entlang der Infotafeln am Hafen schlendern und dabei Reproduktionen von Gemälden bestaunen, die hier entstanden sind. Ansonsten erinnert nicht viel an die Schauplätze der Kunstgeschichte, und L'Estaque wird wieder zu dem, was es eigentlich ist: ein beschauliches, provenzalisches Fischerdorf.

7 km

Nach diesem kurzen Zwischenstopp verlässt du L'Estaque über die Straße Plage de l'Estaque/D568 in Richtung Westen und passierst eine Reihe kleiner Häfen zu deiner Linken. Nach fünf Kilometern führt die Straße nach rechts in die Berge, nach einem weiteren Kilometer biegst du rechts in den Boulevard de Ricard ab. Am nächsten Kreisverkehr nimmst du die erste Ausfahrt und fährst nach 300 Metern nach links in die Avenue des Bastides. Nach 450 Metern geht es nach rechts und 100 Meter weiter erscheint das Schild von Familie Gouiran auf der linken Seite.

Brousse du Rove

Über 400 Rove-Ziegen mit den typisch langen Hörnern, die aus dieser Region kommen, hält Familie Gouiran. In ihrem kleinen Laden verkauft sie vor allem den Brousse du Rove, einen cremigen Ziegenfrischkäse, den es nur hier gibt. Besonders lecker schmecken die Frischkäseröllchen des Brousse du Rove mit etwas Honig zum Dessert. Auf Nachfrage erzählt Madame Gouiran in lichtschnellem Französisch mehr über den Käse und ihre Ziegen.

i tgl. 8–12.30 u. 16–19 Uhr | 17, rue Adrien Isnardon, Le Rove

7,5 km

Der nächste Zwischenstopp ist vor allem für kleine und mittelgroße Camper geeignet, denn es geht in eine der **Calanques** der Côte Bleue. In den bezaubernden Felsbuchten kann es eng werden, und es gibt nicht viele Parkplätze, weshalb diese im Sommer an den Wochenenden und während der Ferienzeit (Juli/Aug.) nur den Anwohnern zur Verfügung stehen. Unter der Woche kannst du die türkisblauen Buchten problemlos erkunden. Dafür fährst du von Le Rove zunächst über die D568 nach Westen und nimmst am Kreisverkehr die zweite Ausfahrt auf die D5 in Richtung Niolon. Nach einem Kilometer biegst du links ein auf die Route de Niolon, die dich in die schmucke **Calanque de Niolon** führt.

ÜBERSPANNT

Am Port de la Vesse bei Niolon führen die Brückenbögen fast direkt übers glask are Wasser.

BERG VORAUS!

Auf Cézannes Lieblingsberg Montagne Sainte-Victoire könnt ihr auch hervorragend wandern.

Calanque de Niolon

Etliche Felsbuchten gibt es an der Côte Bleue, doch die Calanque de Niolon ist besonders beeindruckend. Im Hintergrund spannt sich das mächtige **Eisenbahnviadukt,** das sich aus dem Felsen herauswindet, im Vordergrund schaukeln kleine Fischerboote im türkisblauen Wasser. Nimm Badesachen mit, die Bucht ist ein beliebter Ort zum Schnorcheln!

Insider-Tipp

Gucken und genießen

*In der **Auberge de Mérou** (tgl. 12–14 u. 19.30– 22.30 Uhr | aubergedumerou.fr) gibt's leckere Küche und fangfrischen Fisch. Toller Blick von der Terrasse auf die Bucht von Niolon!*

P *An der Route de Niolon befindet sich oberhalb der Bucht ein kostenloser Parkplatz, der jedoch von Mai bis August an den Wochenenden und in den Ferien den Anwohnern vorbehalten ist (GPS: 43.342018, 5.256358). Mit Womos keinesfalls weiter hineinfahren, keine Wendemöglichkeit!*

24 km Die Fahrt geht weiter auf eine kleine Insel in Martigues am **Étang de Berre.** Dazu fährst du die Route de Niolon wieder nach Norden, bis du auf die D5 triffst, der du für einen Kilometer folgst. Als Nächstes kommt ein Kreisverkehr: Hier nimmst du die dritte Ausfahrt auf die

D568 in Richtung Martigues, welche nach etwa zwei Kilometern in die Auffahrt auf die A55 mündet. Nach weiteren zwölf Kilometern erreichst du das ehemalige Fischerdorf **L'Île** in Martigues.

Martigues

Gondoliere wirst du hier vergeblich suchen, Kanäle mit kleinen Bötchen, die von Brücken überquert werden, aber schon. Auch deshalb hält sich der Name „Venedig der Provence" hartnäckig. Sitzt du in einem Café oder Restaurant am Quai Brescon und wirfst den Blick auf die bunten Häuser und die im Wasser plätschernden Boote, kommt es dir vielleicht in den Sinn – Venedig? Schon ein bisschen ...

 An der Place des Aires gegenüber der L'Île gibt es einen großen, kostenlosen Parkplatz, der auch für Wohnmobile und Camper geeignet ist (Rue du Colonel Fabien, GPS: 43.406859, 5.056485).

52 km Von Martigues geht es zurück auf die Autobahn A55. Nach etwa 21 Kilometern hältst du dich links bei der Ausfahrt auf der A7 und nimmst nach fünf weiteren Kilometern die Ausfahrt auf die A51 in Richtung Aix-en-Provence, das du nach 16 Kilometern erreichst.

Spot 20

Aix-en-Provence
Der Inbegriff südfranzösischen Lebensgefühls ▶ **S. 162**

17 km Nach einer kulturreichen Zeit in Aix geht es zurück in die Natur. Du verlässt die Stadt in Richtung Südosten über die Route de Cézanne (D17), die nicht ohne Grund den Namen des berühmten Malers trägt: Schon von Weitem erkennst du eines seiner beliebtesten Motive – die Montagne Sainte-Victoire. Nach etwa 16 Kilometern erreichst du dann auf der linken Seite einen Wanderparkplatz.

Montagne Sainte-Victoire

Das spektakuläre Sandstein-Bergmassiv der Montagne Sainte-Victoire ist, seit es von Paul Cézanne immer wieder auf Leinwand verewigt wurde, weit über die französischen Landesgrenzen bekannt. Das Eldorado für Outdoor-Fans eignet sich hervorragend zum Wandern und Klettern. Die dreistündige **Wanderung zur Chapelle Saint-Ser** führt vom

Parkplatz auf der Südseite stetig bergauf, bis du nach etwa 1,5 Stunden die Kapelle erreichst. Von dort kannst du die atemberaubende Aussicht genießen, bevor es den Weg wieder zurückgeht.

🅿 *Am Fuß des Wanderwegs befindet sich ein großer, kostenloser Parkplatz an der Avenue Cézanne (GPS: 43.527918, 5.643575).*

39 km Nach dem Wanderausflug geht es über die Route de Cézanne (D17) zurück in Richtung Aix-en-Provence, wo du nach 16 Kilometern nahe dem Zentrum rechts auf den Boulevard Carnot abbiegst. Diesem (und den anschließenden Straßen) folgst du für zwei Kilometer, bis du am dritten Kreisverkehr die Ausfahrt in Richtung Saint-Eutrope nimmst. Nach einem Kilometer fährst du nach rechts auf den Chemin des Lauves und nach einem weiteren links auf den Chemin de la Rose. Nach 700 Metern biegst du erneut rechts ab und befindest dich nun auf der D14, der du für zehn Kilometer folgst, bis du das Schild zum Château La Coste siehst.

Château La Coste

Auf dem Weg in den Luberon kommst du an einem der außergewöhnlichsten Weingüter der Provence vorbei: Im futuristischen Château La Coste kannst du nicht nur Wein verkosten, sondern inmitten eindrucksvoller Architektur und Skulpturen namhafter Künstler umherwandeln, die überall auf dem Gelände und zwischen den Weinreben verteilt sind. Hier haben sich berühmte Namen wie Frank O. Gehry, Tadao Ando oder Ai Weiwei verewigt. Und nach der Kunsttour? Ein Apéritif in der Abendsonne in einem der Restaurants auf dem Gelände!

ℹ *tgl. 10–19 Uhr | 15 € Eintritt für den Parcours Art & Architecture | 2750, route de la Cride, Le Puy-Sainte-Réparade*

50 km Für die letzte Etappe fährst du zurück auf die D14 und hältst dich für drei Kilometer in Richtung Norden. Bei **Le-Puy-Sainte-Réparade** biegst du nach links auf die D561B, um dann für knapp acht Kilometer entlang der Durance zu fahren. Bei Saint-Christophe biegst du rechts auf die D943 (Schilder nach Cadenet) und überquerst den Fluss. Folge nun weiter der D943 in Richtung **Lourmarin,** das auf der Südseite des Luberon-Massivs liegt. Sobald du das Dorf durchquert hast, geht es in Serpentinen über die Hügelkette, bis du nach 17 Kilometern die Ausläufer von **Apt** erreichst. Dort hältst du dich an den folgenden Kreisverkehren erst an die D943B, dann die D900, die D201 und schließlich an die D4. Der D4 folgst du für sechs Kilometer, um dann für neun Kilometer auf die D2 abzubiegen. Am nächsten Kreisverkehr nimmst du die erste Ausfahrt auf die D15 und folgst dieser für zwei Kilometer bis nach **Gordes,** wo du bereits von Weitem das vom Künstler Victor Vasarely restaurierte Schloss auf dem Hügel thronen siehst.

📷 *Auf dem Weg ins Dorf eröffnet sich zu deiner Rechten das traumhafte Panorama von Gordes. Lange anhalten ist nicht möglich, am besten schießt dein Beifahrer im (langsamen) Vorbeifahren ein Foto (GPS: 43.909236, 5.197506).*

Ziel & Spot **21** **Luberon**
Dörfer zum Träumen und ein Hauch Lavendel in der Luft ▶ S. 166

Optionaler Anschluss: Tour **B**

BITTE ABDRÜCKEN

Bei der Einfahrt nach Gordes bleibt für das perfekte Fotomotiv nur wenig Zeit.

Marseille
Eine echte Überraschung und rundum multikulti

Wirf alle Vorurteile über Bord und lass dich drauf ein: auf die Stadt, die mehr Kulturen vereint als jede andere im Land. Seit ein paar Jahren ein echter Geheimtipp, kannst du hier an jeder Ecke Neues entdecken. Marseilles kreativer Kulturmix kombiniert charmante Gassen, trendige Cafés, ein buntes Nachtleben, den stilvollen Hafen und angesagte Viertel miteinander. Tauch ein in lebendiges Großstadtfeeling mit dem entspannten Flair der Provence.

P *Kostenloser Parkplatz am Vieux Port, allerdings eher für Vans und kleinere Camper zu empfehlen. Große Wohnmobile bleiben wegen Platzmangels besser auf dem Campingplatz (GPS: 43.292422, 5.362879).*

KONTRASTE

Ein beliebter Treffpunkt am Hafen ist das MuCEM.

AKTIVITÄTEN & SIGHTSEEING

1 Sich einen guten Überblick verschaffen

Die Basilika **Notre-Dame-de-la-Garde** ist *das* Wahrzeichen der Stadt und der Besuch bei der *Bonne Mère,* der „Guten Mutter", hoch über dem Hafen ein absolutes Muss. Der Blick über die roten Dächer, Inselchen und Berge runderum ist ebenso grandios wie die leuchtend goldenen Kuppeln im Kircheninneren.
Infos: tgl. 7–18 Uhr | Eintritt frei | Rue Fort du Sanctuaire | Marseille

Insider-Tipp
Energiespar-modus

*Mit dem **Bus Nr. 60** kommt ihr ganz entspannt nach oben zur Basilika – und zu Fuß wieder den Berg hinunter.*

2 Das Herz der Stadt am Vieux Port erkunden

Schon vor 2600 Jahren war der nunmehr Alte Hafen das Herz des ehemaligen *Massalia* und ist heute der perfekte Ausgangspunkt für die Erkundung der Stadt. Am besten startest du von der verspiegelten **Ombrière** am Quai des Belges aus und lässt dich an der Nordseite des Hafens immer weiter Richtung **Fort Saint-Jean** treiben.

3 Durchs hippe Altstadtviertel Le Panier bummeln

Vor wenigen Jahren noch als zwielichtige Ecke verschrien, ist der Altstadthügel des Panier heute das liebste Viertel der jungen Kreativen. Hier treffen sich auf den bunt bemalten Treppen und Gassen nicht mehr Gangsterbosse wie in Jean-Claude Izzos „Marseille-Trilogie", sondern Künstler und Köche in schicken Designerläden und chilligen Bistros.

4 Die Kontraste der Kulturen im Museum kennenlernen

Im **Musée des Civilisations de l'Europe et de la Méditerranée (MuCEM)** an der Hafenpromenade verbinden sich mit dem schnörkeligen Neubau und dem historischen Fort Saint-Jean nicht nur Alt und Neu, es wird auch kulturellen Verbindungen im Mittelmeerraum nachgespürt. Die Gärten der Anlage versprechen Entspannung. *Infos: Mi–Mo 10–19, Juli–Sept. 10–20 Uhr | 11 € | 7, promenade Robert Laffont (Esplanade du J4) | Marseille | mucem.org*

5 Im Quartier Noailles auf Weltreise gehen

Lass dich auf dem **Marché des Capucins** in Noailles auf eine Reise rund um die Welt entführen. Auf dem Markt und den belebten Nebengassen strömen dir aus den Läden und Epicerien Düfte aus aller Herren Ländern entgegen. Hier geben sich nordafrikanische, indische und provenzalische Gewürze und Co. die Hand für einen unvergleichlichen Kulturmix.

Insider-Tipp
Kurztrip nach Nordafrika

*Im wunderschön gefliesten, original tunesischen Café **La Marsa** (11, rue Rouvière) genießt man quietschsüßes Baklava und frischen Minztee!*

6 Beim Palais Longchamp im Grünen relaxen

Nach so viel Kulturprogramm wird es Zeit für eine Verschnaufpause! Im Parc Longchamp, der zum angrenzenden gleichnamigen Palais gehört, kannst du dich zwischen hübschen Wasserbecken und Fontänen erholen. Besonders schön ist die Abendstimmung auf dem Hügel, also bring ein Picknick mit und lass den Blick schweifen. *Infos: Boulevard Jardin Zoologique | Marseille*

7 Mit 360-Grad Rundumblick shoppen

Zwischen aufgepeppten Docks der Speicherstadt und dem Meer kannst du im lichtdurchfluteten Shoppingcenter **Terrasses du Port** shoppen. Doch die schicken Läden und Restaurants sind schnell vergessen, wenn du auf der möblierten Terrasse ankommst und dort den einzigartigen Panoramablick auf die Mole, Schiffe und Frioul-Inseln genießt. Der Sonnenuntergang ist hier eine Wucht! *Infos: tgl. 10–20 Uhr | 9, place de la Joliette | Marseille*

8 Bunte Street-Art auf dem Cours Julien entdecken

Street-Art-Fans werden das Ausgehviertel **La Plaine** rund um den Cours Julien lieben! In dieser Mischung aus Schanzenviertel, Kreuzberg und Soho gibt es an jeder Ecke Kunst und bunte Murals in allen Variationen – dazu etliche Cafés, Restaurants, lebhafte Bars und flippige Läden. Perfekt für den Start ins Marseiller Nachtleben!

9 Einen Ausflug auf die Frioul-Inseln unternehmen

Und wenn dir die Stadt doch zu voll wird? Dann pack die Badesachen ein und ab auf die Frioul-Inseln! Hier kannst du wandern, eine Festung besichtigen und in türkisblauen Buchten baden. Kurios: Seit 2011 sind die Inseln eine eigene Mikronation mit Regierung, Ministern und Präsidenten. Ihr Motto: *Pour l'art et l'insolence, sans insolation* – „Für Kunst und Frechheit, ohne Sonnenstich". *Infos: Fähre tgl. ca. 1 x die Stunde, Fahrtdauer 30 Min. | 11,10 € pro Person | Abfahrt vom Quai des Belges, Anbieter Le Bateau | Marseille | lebateau-frioul-if.fr*

REGENTAG – UND NUN?

10 Da geht man doch gern baden

Hinter der pompösen Belle-Époque-Fassade des Hammams **La Bastide des Bains** erwartet dich ein zauberhaftes Ambiente wie aus Tausendundeiner Nacht, und man merkt, dass sich die Nähe zu Nordafrika auf die Bädertradition auswirkt. Im klassischen Hammam kannst du dir bei orientalischer Musik, Minztee und Peeling eine entspannte Auszeit gönnen. *Infos: tgl. 10–20, Hammam für Männer nur Mo u. Mi 17–20, Sa 15–20, So 10–19 Uhr | Eintritt 30 €, inkl. Peeling und Körperöl 60 € | 19, rue Sainte | Marseille | bastide-des-bains.com*

ESSEN & TRINKEN

11 Le Jardin d'à côté

Hier ist man mittendrin im Geschehen vom Cours Julien, dazu gibt's gutes Essen zu erschwinglichen Preisen. Auf der Karte stehen Fisch- und Fleischgerichte, etwa Kalbskotelett mit Trüffeljus oder gegrillter Lachs auf provenzalischem Gemüsebett. *Infos: Mo–Sa | 65, cours Julien | Marseille | Tel. +33 4 91 94 15 51 | lejardindacote.fr | €€*

12 Patisserie Saint-Victor

In dieser Konditorei werden Zuckerträume wahr: Hier gibt es die gefühlt größte Vitrine des französischen Südens, voll mit bunten *éclairs, babas au rhum, macarons, tartelettes* und allem, was die französische Kunst der Patisserie hergibt. *Infos: tgl. | 2, avenue de la Corse | Marseille | €*

13 Entre Terre et Mer

Fantastisches, absolut frisches Seafood zu moderaten Preisen genießt du in rustikaler, aber warmherziger Atmosphäre in einer der lebhaften Altstadtgassen des Panier. *Infos: Di–So | 13, rue du Panier | Marseille | Tel. +33 4 91 35 11 59 | entre-terre-et-mer-marseille.com | Reservierung empfohlen | €–€€*

14 L'Épuisette

Wer sich richtig etwas gönnen möchte, sollte sich ein kleines Vermögen angespart haben und dann einen Tisch im Gourmetrestaurant L'Épuisette buchen. Im urigen Fischerhafen Vallon des Auffes kannst du dann aber bei fantastischem Meerblick die Nouvelle Cuisine von absoluten Spitzenköchen genießen. *Infos: Di–Sa | Vallon des Auffes | Marseille | Tel. +33 4 91 52 17 82 | l-epuisette.fr | Reservierung notwendig | €€€*

STREETART

Wahre Graffitikunstwerke zieren das Ausgehviertel rund um den Cours Julien.

EINKAUFEN

15 Fischmarkt

Jeden Morgen werden neben den großen Ausflugsbooten aus Nussschalen zappelnde Fische geladen. Auf dem Marché aux Poissons am Vieux Port bekommst du die Zutaten für die Bouillabaisse – wenn dir die Fischsuppe mit 50 € im Restaurant zu teuer ist – oder frischen Fang für den Grillabend auf dem Campingplatz. *Infos: tgl. 7–11 Uhr | Quai des Belges | Marseille*

16 Les Navettes des Accoules

Zwar nicht die älteste, aber dafür die beste Navette-Bäckerei der Stadt! Schon draußen kitzelt einem der Duft der Orangenblüten in der Nase, die Marseilles Gebäckspezialität ausmachen, drinnen stapeln sich knusprige Köstlichkeiten, die nach Gewicht verkauft werden. *Infos: tgl. | 68, rue Caisserie | Marseille | les-navettes-des-accoules.com*

AUSGEHEN

17 Le Bar sur la Mer – Noctilio 1930

In einer Bar auf dem Wasser beim Sonnenuntergang mit einem fancy Drink anstoßen? Kannst du haben! Auf dem rustikalen Segelboot Noctilio bekommst du Cocktails und Wein in chilliger Atmosphäre, während du das Gefühl hast, übers Meer zu schippern. *Infos: Do–So | am Ende des Quai du Port, unterhalb des Fort Saint-Jean | €€*

18 Le Melting Pot

Der Name ist Programm: Die beliebte Bar im Industrial-Style im Quartier Cours Julien ist Schmelztiegel der Nationen, Biere und Kulturen. Hier treffen sich Einheimische und Touristen gleichermaßen, um bei Musik und geselliger Stimmung die Craft-Biere und das Marseiller Nachtleben zu genießen. *Infos: Di–Sa | 40, rue des Trois Rois | Marseille | €*

DRINK AHOI

Auf der Noctilio segelt ihr mit einem Glas in der Hand in den Sonnenuntergang.

Mer
Méditerranée

Les Terrasses du Port **7**

3 Le Panier
13 Entre Terre et Mer

La Joliette

Les Navettes des Accoules

MuCEM **4** **16**

Le Bar sur la Mer **17**
Noctilio1930

Le Pharo

12
Patisserie
Saint-Victor

L'Épuisette **14**

Notre-Dame
de-la-Garde **1**

Endoume

Vauban

2 Vieux Port
6 Palais
Longchamp

9 Ausflug zu
den Frioul-Inseln

15 Marché
aux Poissons

Le Camas

5 Marché des Capucins

Saint-Pierre

Noailles

10

La Bastide
des Bains

8 Cours Julien

Baille

11 Le Jardin d'à côté

La Timone

Lodi

18 Le Melting Pot

Menpenti

Camping Garlaban **19**

Camping Les
Mouettes **20**

1 km

STELL- & CAMPINGPLÄTZE

19 Entspannt außerhalb des Trubels unter großen Pinien

Nur 20 Minuten außerhalb der zweit-größten Metropole Frankreichs könnt ihr euch bei Zikadengesang unter riesigen Pinien erholen. Der chillige Camping-platz Garlaban liegt auf Terrassen verteilt mitten in der Natur, wo ihr eure Hänge-matten aufspannen oder in den erfri-schenden Pool hüpfen könnt. An der Bar könnt ihr nette Kontakte knüpfen und gemeinsam eine Runde Pétanque spie-len. Für Ausflüge in die Innenstadt von Marseille lasst euren Camper ruhig auf dem Platz, ihr kommt auch mit Bus und Bahn über Aubagne hin.

Camping Garlaban 😀

€€ | 1914, chemin de la Thuilière | Aubagne
Tel. +33 4 42 82 19 95 | camping-garlaban.com
GPS: 43.298361, 5.536450

▶ **Größe:** 7 ha, Mobile-Homes und Glamping-Zelte vorhanden
▶ **Ausstattung:** Pool, Snackbar, Pétanquebahn

20 Badealternative am Strand der Côte Bleue

Den City-Trip nach Marseille kannst du hervorragend mit einem Badeurlaub an der Côte Bleue verbinden – hier ist die Auswahl an Campingplätzen deutlich größer, und du entkommst dem Stau und Trubel der Metropole. Gleichzeitig erreichst du die Stadt in etwa einer Stunde per Bahn und kannst dabei die wunderschöne Küste und die Dörfer am Meer bestaunen. In Sainte-Croix findest du den entspannten Campingplatz Les Mouettes direkt am Meer. Hier kannst du dir einen Stellplatz mit Meerblick aussu-chen, zu Fuß zum Strand laufen, bei Ba-guette und einem *café* den Blick über die Bucht schweifen lassen und bei ge-selligen Events, wie Paella-Abenden, nette Leute kennenlernen.

Camping Les Mouettes 😀☀

€€ | 16, chemin de la Quiétude | Martigues
Tel. +33 4 42 80 70 01 | campinglesmouettes.com
GPS: 43.3302962, 5.075931

▶ **Größe:** 39 Stellplätze, Mobile-Homes

Spot 20

Aix-en-Provence
Der Inbegriff südfranzösischen Lebensgefühls

Hippe Bars, fröhliches Studentenleben, herausgeputzte Plätze, farbenfrohe Märkte und eine große Portion Kultur – das alles vereint Aix-en-Provence. Hier kannst du über den prachtvollen Cours Mirabeau flanieren, in angesagten Designerläden stöbern, die über hundert verschiedenen Brunnen der Altstadt entdecken und auf den Spuren des berühmten Malers Paul Cézanne durch seine Heimatstadt wandeln. Für Abwechslung sorgen ein lebendiges Nachtleben und eine reichhaltige Cafékultur.

P *Gebührenpflichtiger Parkplatz an der Avenue des Déportés de la Résistance Aixoise, ca. 15 Min. von der Innenstadt entfernt (GPS: 43.523450, 5.460626).*

STIMMUNGSVOLL

In den verschlungenen Gassen von Aix reiht sich ein Restaurant ans nächste.

AKTIVITÄTEN & SIGHTSEEING

1 Auf Cézannes Spuren durch Aix wandeln

Immer wieder blitzt das goldene „C" im Trottoir auf und markiert den Weg zu den Stationen des berühmten, in Aix geborenen Malers Paul Cézanne. Schnapp dir im **Office du Tourisme** einen Plan und geh auf Entdeckungstour zu seinem Stammcafé, dem Familienhaus oder dem Apartment, wo er 40 Jahre lang gelebt hat. *Infos:* Mo–Sa 8.30–18 Uhr | Office du Tourisme | 300, avenue Giuseppe Verdi | Aix-en-Provence

Insider-Tipp

Zu Besuch beim Künstler

Im unveränderten *Atelier Cézannes* kannst du die Farbpaletten und Requisiten des Künstlers hautnah bestaunen (Di–Sa | 6,50 € | 9, avenue Paul Cézanne | cezanne-en-provence. com).

2 Über den Prachtboulevard Cours Mirabeau spazieren

Einst fuhren hier die Kutschen der Adeligen, heute ist der Cours Mirabeau die bekannteste Flaniermeile von Aix-en-Provence. Der autofreie Boulevard ist das Herz der Stadt und zu beiden Seiten mit Cafés, Restaurants, Geschäften sowie wunderschönen Fassaden gesäumt. Besonders schön: der tägliche **Nachtmarkt** mit Kunsthandwerk im Juli/ August.

3 Im Palais des Hôtel de Caumont Kunst bestaunen

Opulente Kronleuchter, plüschige Sessel, prunkvolle Tapeten – im Hôtel Caumont wird der Spätbarock lebendig. Hier finden im Palais prestigeträchtige Kunstausstellungen (Impressionismus bis zu moderner Kunst) statt, und im Gartencafé gibt es köstliche Torten. *Infos: tgl. 10–18, Mai–Sept. bis 19 Uhr | 6,50 €, mit Ausstellung 14 € | 3, rue Joseph Cabassol | Aix-en-Provence | caumont-centredart.com*

4 Auf die Suche nach 101 Brunnen gehen

Einst lockte es die Römer in die Stadt, heute sorgt es für Erfrischung: Thermalwasser, das aus über 100 Brunnen in der Stadt sprudelt. Mancher, wie die **Fontaine Mossue,** wird sogar mit warmem Wasser gespeist, was die Moose sprießen lässt, andere sprühen elegante Fontänen in die Luft. Wie viele findest du beim Spaziergang durch die Altstadt?

ESSEN & TRINKEN

5 Le Zinc d'Hugo

Von Auszeichnungen überhäuft, kommt dieses unscheinbare Restaurant in einer Nebengasse dennoch einem Geheimtipp gleich. Auf der Karte stehen Provenzalisches und Gegrilltes wie *côte de bœuf* in überragender Qualität. Nur wenige Plätze, also unbedingt reservieren! *Infos: Di–Sa | 22, rue Lieutaud | Aix-en-Provence | Tel. +33 4 42 27 69 69 | zinc-hugo.com | €€*

6 Jacquou le Croquant

Ein stimmungsvoll beleuchteter Innenhof, ein lauer Sommerabend, ein Glas Wein und traditionell französische Küche – das klingt wie der Inbegriff von Urlaub. Ist es auch, du findest ihn im fast schon versteckten Hinterhof in der Rue Aumône Vieille. *Infos: Di–Sa | 2, rue Aumône Vieille | Aix-en-Provence | Tel. +33 4 42 27 37 19 | €€*

EINKAUFEN

7 Madeleines de Christophe

In einer engen Gasse befindet sich ein unauffälliger, kleiner Stand, der seinen Duft von warmem Gebäck in der ganzen Straße verströmt – hier gibt's die besten Madeleines weit und breit, die sich perfekt als Snack für den Bummel eignen. *Infos: Di–Sa | 4, rue Gaston de Saporta | Aix-en-Provence | €*

8 Bauernmarkt

Jeden Vormittag geht auf der **Place Richelme** ein wunderbarer Bauernmarkt über die Bühne. Verkauft werden übliche provenzalische Leckereien, darunter Obst, Gemüse, Käse, Fisch und Fleisch. Tipp: Vom Rand des Platzes kannst du in den netten Cafés das Markttreiben auf dich wirken lassen. *Infos: tgl. 8–13 Uhr | Place Richelme | Aix-en-Provence*

AUSGEHEN

9 Barhopping in der Rue de la Verrerie

Ein Hauch von Irland weht durch die schmale Rue de la Verrerie, die sich am Abend zum Hotspot der Irish Pubs und des studentischen Lebens von Aix entpuppt. Hier reihen sich Bar an Pub und Pub an Bar, dazu gibt's Livemusik, und je später der Abend wird, desto lebhafter wird das Getümmel auf der Straße.

FRISCHEPARADIES

Knackig-buntes Obst und Gemüse gehen täglich auf der Place Richelme über den Tisch.

Infos: Startpunkt am besten auf dem kleinen Platz zwischen der Rue Félibre Gaut und der Rue de la Verrerie

STELL- & CAMPINGPLÄTZE

10 Übernachten im Grünen und zu Fuß in die Stadt

Auf dem großen, waldartigen Gelände in Hügellage kannst du dir deinen Lieblingsplatz selbst aussuchen: Willst du lieber in der Nähe des Pools dein Lager aufschlagen oder bevorzugst du ein Plätzchen für dich allein? Egal wie du am liebsten campst, hier findest du den geeigneten Platz. Umfangreiche Ausstattung darf man eher nicht erwarten, dafür kannst du das Stadtzentrum schnell zu Fuß oder mit dem Bus erreichen und über den Cours Mirabeau bummeln.

Camping Chantecler

€€ | 41, avenue du Val Saint-André |
Aix-en-Provence
Tel. +33 4 42 26 12 98 | campingchantecler.com
GPS: 43.515551, 5.4744095

▸ **Größe:** 10 ha, Mobile-Homes vorhanden
▸ **Ausstattung:** Pool

11 Liebevoll gepflegter Platz in Stadtnähe

Leise gurgelt der kleine Bach, der den Campingplatz in zwei Bereiche teilt und für eine wunderbar idyllische Atmosphäre sorgt. Die nahe Anbindung an die Stadt durch eine Schnellstraße ist durch die vielen Bäume kaum zu hören, eignet sich aber für den Besuch in Aix hervorragend. Die großzügigen Stellplätze sind allesamt mit Strom und Wasser ausgestattet und die Sanitärgebäude sowie der gesamte Platz werden von den unheimlich netten Betreibern liebevoll gepflegt.

Camping Arc en Ciel 🐾

€ | 50, avenue Henri Malacrida |
Aix-en-Provence
Tel. +33 4 42 26 14 28 | campingarcenciel.com
GPS: 43.512875, 5.471354

▸ **Größe:** ca. 50 Stellplätze
▸ **Ausstattung:** Pool, Minimarkt

Luberon
Dörfer zum Träumen und ein Hauch Lavendel in der Luft

Wenn du eine Postkarte aus der Provence siehst, stammt sie womöglich aus dem Luberon. Denn das Tal, das von zwei Gebirgszügen umarmt wird, sieht so idyllisch aus, wie man es sich vorstellt: niedliche Felsdörfer, prächtige Schlösser, gelbe bis rostrote Ockersteinbrüche, endlose Weinberge und das i-Tüpfelchen im Sommer – violett blühender Lavendel! Hier kannst du einige der schönsten Dörfer Frankreichs entdecken und dich mit der Kutsche traditionell durch die Felder führen lassen.

OCKERWANDERUNG

Besser nichts Weißes tragen: Die farbigen Felsen hinterlassen nicht nur im Gedächtnis Spuren.

AKTIVITÄTEN & SIGHTSEEING

❶ Die farbenprächtigen Ocker-felsen entlangwandern

Gelb, orange, terrakotta, dunkelrot – solch farbintensive Landschaften kennt man sonst nur aus den USA. Nahe von **Roussillon** erheben sich pittoreske Ockerfelsen aus der Landschaft, die du bei einer kurzweiligen Wanderung auf dem **Sentier des Ocres** entdecken kannst – besonders schön leuchten sie zu Sonnenuntergang. *Infos: Dauer: 1 Std. | 3 € | Sentier des Ocres | Roussillon | GPS: 43.901111, 5.295604*

❷ Durch Gordes stromern

Hoch auf einem Felsvorsprung thronend ist Gordes mit seiner Silhouette beliebtes Fotomotiv und eins der schönsten Dörfer Frankreichs. Beim Spaziergang durch die hübschen Altstadtgassen kommst du am imposanten **Renaissanceschloss** vorbei, das in den 1970ern vom Künstler Victor Vasarely vor dem Verfall gerettet wurde. *Infos: kostenpflichtiger Parkplatz unterhalb von Gordes | GPS: 43.915098, 5.197784*

❸ Eine Abtei in den Lavendel-feldern entdecken

Kein Provence-Motiv hat man wohl öfter gesehen als das historische Kloster in den Lavendelfeldern. Kein Wunder: Schon die Fahrt mit Blick auf das romantische Flusstal, die duftenden Felder und die **Abtei Notre-Dame de Sénanque** in der Mitte sind einen Ausflug wert. *Infos: Mo–Sa 10–11 u. 13–17,*

So 13–17 Uhr | 8,50 € | GPS: 43.931300, 5.189016 | Gordes

❹ Mit Olivier eine Kutschfahrt durch den Luberon machen

Kutschfahrer Olivier hat nach einer Weltreise entschieden, die Liebe zur Heimat und zu Pferden zu seinem Beruf zu machen. Mit der Kutsche führt er euch durch unbekannte Dörfer und Landschaften oder fährt mit euch zu den Ockerminen von Gargas und Roussillon. *Infos: 2 Std., auch Ganztagstouren möglich | ab 40 € | Provence Hipposervices | Domaine de Séoule | Saint-Saturnin-lès-Apt | GPS: 43.911872, 5.331454 | provencehipposervices.com*

REGENTAG – UND NUN?

❺ Mit Ockerfarben sein eigenes Bild malen

Im Ecomuseum Ôkhra in Roussillon kannst du künstlerisch tätig werden und dein eigenes Ockergemälde zaubern. In den Ferien oder nach Buchung können kleine und große Künstler in Workshops lernen, wie man Pigmente anmischt und kreativ den Pinsel schwingt. Im dazugehörigen Ockermuseum erfährst du, wie die Pigmente gewonnen und hergestellt werden. *Infos: Kernöffnungszeiten Museum Feb.–Okt. 10–13 u. 14–18 Uhr | 7 € | Workshops Juli/Aug. Mo–Fr u. So ab 14 Uhr, 15 € | 570, route d'Apt | Roussillon | okhra.com*

ESSEN & TRINKEN

6 La Grappe de Raisin

Trotz exponierter Lage mit Dachterrasse mitten im touristischen Roussillon bekommt man hier sehr gute Drei-Gänge-Menüs (die Lammkeule ist ein Traum!) zu mehr als fairen Preisen. *Infos: tgl. | Rue de la Poste | Roussillon | Tel. +33 4 90 71 38 06 | €*

7 Le Cercle Républicain

Kurios: In Gordes gibt es einen der letzten Republikanerzirkel *(cercle républicain)* der Provence, in dem man Mitglied sein muss, um etwas zu trinken zu bekommen. Eine Tagesmitgliedschaft kostet 0,20 € und ermöglicht eine lustige Reise in die Vergangenheit. *Infos: tgl. | Place du Château | Gordes | €*

Insider-Tipp
Club mit Aussicht

*Von der versteckten **Terrasse** des Cercle Républicain hast du eine fantastische Aussicht*

über das Tal, schicke Pools und die Spitzen der Alpilles.

8 Casa Bonilis

Hausgemachte Pasta, Gnocchi und Risotto – in der Casa Bonilis serviert flottes Personal köstliche italienische Klassiker mit modernem Touch. Die Weinauswahl kann sich sehen lassen, im Sommer sorgt Livemusik für Unterhaltung. *Infos: Mi–So | 14, place Carnot | Bonnieux | Tel. +33 4 90 71 18 02*

EINKAUFEN

9 Boutique Cricri

Willkommen im Farbenhimmel! Hier stapeln sich bunte Farbtöpfchen und intensive Ockerpigmente bis unter die Decke. Doch nicht genug, du findest hier auch farbenfrohe Mitbringsel aus Keramik oder handgefärbte Sneakers für dich und deine Lieben zu Hause. *Infos: tgl. 11–19 Uhr | 31, rue Richard Casteau | Roussillon*

SAVOIR-VIVRE

Zwischen Weinreben und urigen Luberon-Dörfern könnten Ferien nicht schöner sein.

STELL- & CAMPINGPLÄTZE

⑩ Praktischer Campingplatz in der Nähe der Ockerfelsen

Wenn du einen gut gelegenen Ausgangspunkt für die Entdeckungen im Luberon suchst, bist du bei diesem Platz genau richtig! Unter schattigen Pinien kannst du es dir auf großen Stellplätzen gemütlich machen oder von dort aus die Gegend erkunden. Das niedliche Roussillon mit den bunten Ockerfelsen ist nur zwei Kilometer entfernt und mit dem Rad oder über einen kurzen Fußmarsch zu erreichen. Neben einem Pool gibt es auch den typischen Pétanqueplatz, an der Rezeption kannst du für den Morgen frische Baguettes und fluffige Croissants vorbestellen, und im Sommer wird einmal wöchentlich gegrillt.

Camping L'Arc-en-Ciel 🐾

€€ | *Route de Goult/D 104, Quartier les Bruyères | Roussillon*
Tel. +33 4 90 05 73 96 | camping-arc-en-ciel.fr
GPS: 43.890526, 5.276744

▸ **Größe:** *70 Stellplätze, Mobile-Homes vorhanden*
▸ **Ausstattung:** *Minimarkt, Restaurant, Pool, Spielplatz*

⑪ Luxusplatz mit Blick auf den gesamten Luberon

Aufgepasst, hier kommt ein echter Lieblingsplatz: Denn wer Glück hat, erwischt einen Stellplatz mit fantastischer Aussicht aufs Tal und wacht jeden Morgen mit Blick auf das Massif de Luberon auf. Der charmante, gut gepflegte Campingplatz befindet sich in wahrhafter Traumlage am Hang in der Nähe von Gordes. Selbst von der Sonnenliege am Pool kannst du das Panorama mit einem kalten Getränk von der Bar genießen. Die neuen Sanitäranlagen mit Regenwalddusche sind top in Schuss, und wenn du den Platz doch mal verlassen möchtest, bist du in 20 Minuten zu Fuß im Dorf.

Camping des Sources ❉

€€ | *Route de Murs | Gordes*
Tel. +33 4 90 72 12 48 | campingdessources.com
GPS: 43.926982, 5.202170

▸ **Größe:** *53 Stellplätze, Mobile-Homes vorhanden*
▸ **Ausstattung:** *Restaurant, Minimarkt, Pool, Sportplätze, Minigolf*

Planen – Packen – Losfahren

Anreise

Je nach Startpunkt in Deutschland, Österreich oder der Schweiz ist man relativ zügig in Südfrankreich. Gut, einen Tag Anreise sollte man sicherlich planen, aber wer kein Problem hat, lange zu fahren, schafft es auch ohne Übernachtung. Wer lieber ohne Zeitstress und lange Stunden hinterm Steuer fährt, kann auch einen Zwischenstopp auf halber Strecke einbauen. Generell führen zwei Hauptrouten in die Provence oder an die Côte d'Azur: über die schnelle, gradlinige Autoroute du Soleil (A7) oder durch die Schweiz und dann entlang der westlichen Alpen über die Route Napoléon in den Osten der Region. Welche Route besser ist, liegt ganz am Gemütszustand sowie dem Zeit- und Geldbudget der Reisenden.

STRECKENCHECK

Frankfurt/Main	Entfernung	Maut
Nancy	845 km	ca. 72 €
Dijon	**Reine Fahrzeit**	
Lyon	ca. 8 Std. 30 Min.	
Montélimar		

Frankfurt/Main	Entfernung	Vignette/Maut
Basel	859 km	ca. 65 €
Bern	**Reine Fahrzeit**	
Genf	ca. 9 Std.	
Annecy		
Grenoble		
Sisteron		

1 FRANKFURT AM MAIN
NANCY
DIJON
LYON
MONTÉLIMAR

Endlich Urlaub! Ab Frankfurt beginnt ihr eure Fahrt auf der A3 Richtung Mainz. Hinter dem Flughafen verlasst ihr die A3 am Dreieck Mönchhof in Richtung Darmstadt und fahrt kurzzeitig auf der A67 bis Dreieck Rüsselsheim. Hier geht's auf die A60 Richtung Mainz. Nach wenigen Kilometern folgt das Kreuz Mainz-Süd, wo es auf die A63 nach Kaiserslautern und Saarbrücken geht. Nach 70 km folgt das Dreieck Kaiserslautern, wo ihr auf die A6 Richtung Saarbrücken fahrt. 71 km später erreicht ihr bei Saarbrücken die französische Grenze und folgt der A320 in Richtung Metz. Nach 13 km dann der Ausschilderung Richtung Metz folgen und auf die A4 fahren. 41 km später verlasst ihr die A4 euch links haltend und folgt der A314 Richtung Nancy. An der nächsten Ausfahrt haltet euch links und nehmt die N431. Nach 16 km geht es nach Süden auf der A31 weiter. Ihr passiert Nancy und erreicht **Dijon,** wo ihr auf dem **Camping du Lac Kir** (3, boulevard Chanoine Kir | Dijon | GPS: 47.321271, 5.010993 | camping-du-lac-dijon.com) übernachten könnt.

Insider-Tipp
Selfmade-Senf ▶ In der **Moutarderie Edmond Fallot** könnt ihr euren eigenen Dijon-Senf zusammenstellen (10 €, Reservierung: destinationdijon.com).

Dann fahrt ihr zunächst auf der A31, die bei **Beaune** in die A6 übergeht. Nach 152 km erreicht ihr das Straßenwirrwarr von **Lyon.** Lasst euch nicht beirren, sondern seid euch immer im Klaren, wo ihr hinwollt: nach Süden! Also ab auf die Autoroute du Soleil, die A7. Und hier ist sogar schon Marseille ausgeschildert. Die A7 folgt nun immer der Rhône und überquert diese so manches Mal, bis ihr irgendwann und bei zunehmender Außentemperatur **Valence** passiert und nach 131 km die Abfahrt 17 nehmt. Nach dem Bezahlen geht's weiter gen Süden auf der N7 nach **Montélimar.**

2 FRANKFURT AM MAIN
BASEL
BERN
GENF
ANNECY
GRENOBLE
SISTERON

Los geht's auf die A5 Richtung Süden, und zwar für etwa 317 km bis zur Schweizer Grenze bei Basel. Entweder habt ihr schon eine Vignette, oder ihr müsst sie nun an der Grenze kaufen. Weiter geht es auf jeden Fall (unter Beachtung der zahlreichen Blitzer auf den Schweizer Autobahnen) auf der A3 für 14 km, wo ihr Richtung Bern nach Süden auf die A2 abbiegt. Der A2 folgt ihr nun für 28 km. Dabei folgt ihr weiter der Ausschilderung Richtung Bern und fahrt auf die A1. Auf der A1 geht es nun vorbei an **Bern** sowie darauffolgend am **Neuenburgersee,** auf den sich mehrfach ein schöner Blick bietet.

Bei **Lausanne** folgt ihr weiter der A1 Richtung Genf, wobei sich linker Hand der Genfersee so manches Mal zeigt. Auch um bzw. in **Genf** bleibt ihr auf der A1, bis ihr nach fast 220 km die schweizerisch-französische Grenze erreicht. Nun geht es auf der A41 wieder etwas schneller voran.

Nach etwa 32 km ist **Annecy** fast erreicht. An der Ausfahrt 16 (Annecy Centre) folgt auf der D3508 der Ausschilderung Richtung Zentrum, wobei ihr euch nach 2 km links haltet. Ihr erreicht nun einen Kreisverkehr und nehmt die dritte Ausfahrt. Auf der Avenue de Pont Neuf fahrt ihr bis zum nächsten Kreisverkehr, den ihr an der Ausfahrt Richtung Albertville verlasst. Auch beim nächsten Kreisverkehr folgt ihr der Ausschilderung nach Albertville und nehmt die zweite Ausfahrt. Der nächste Kreisverkehr (ihr seid in Frankreich, dem Land der rond points) wartet schon auf euch, und ihr nehmt die erste Ausfahrt, den Boulevard de la Corniche. Wenige Meter später erreicht ihr einen weiteren Kreisverkehr, verlasst diesen in Richtung Albertville. Nun geht es auf der D41 für wenige Meter bergab bis zum nächsten Kreisverkehr. Mit der ersten Ausfahrt fahrt ihr auf der Rue des Marquisats (D1508) etwa 850 m parallel zum See. Unmittelbar hinter der Bushaltestelle geht es rechts auf den gebührenfreien Parkplatz Colmyr, wo ihr bei Bedarf eine Nacht gegenüber vom See stehen bleiben und morgens ein Bad nehmen könnt (**Parking Colmyr** | 1, chemin de Colmyr | Annecy | Tel +33 4 50 33 88 88 | GPS: 45.890689, 6.138850).

Zurück auf der A41, folgt ihr dieser für 39 km, bis ihr bei **La Motte-Servolex** Richtung Turin, Mailand, Grenoble auf die N201 fahrt. Von dort ist **Grenoble** nach etwa 56 km erreicht. Ihr umfahrt die Stadt auf der N87 für 10 km. Haltet euch nun auf der mittleren Spur, um die A480 Richtung Gap nehmen zu können. Bleibt nun auf der A480 und folgt der Ausschilderung Richtung Sisteron, wobei die A480 in die A51 übergeht. Wer mag, folgt nun für 135 km der E712, die im nördlichen Teil noch als A51 fungiert, dann zur D1075 und schließlich wieder zur A51 wird. Wem das zu einfach ist, der begibt sich auf umgekehrten Weg auf Napoleons Spuren und verlässt nach 3 km die A480 wieder an der Ausfahrt 8, um der N85 Richtung Gap zu folgen. Bei **Vizille** biegt die N85 am zweiten Kreisverkehr rechts ab. Nach dem Kreisverkehr geht es wieder rechts auf die Abfahrt Richtung Gap, dort ist auch die Route Napoleon ausgeschildert. Nun folgt ihr der N85 bergauf.

Eine erste Möglichkeit für einen Stopp bietet sich nach 7 km Bergauffahrt beim **Napoleon-Denkmal** am Nordende des **Grand Lac de Laffrey.** Weiter geht es auf der N85 über Kurven und Hügel und durch hübsche Kleinstädte und Dörfer bis nach Gap, wo ihr auf der N85 in Richtung Sisteron bleibt. Am zweiten Kreisverkehr und 14 km südlich von **Gap** fahrt ihr auf die A51, die ihr bei der Ausfahrt 23 nach 30 km wieder verlasst. Den Kreisverkehr verlasst ihr an der vierten Ausfahrt und folgt nun der D4085 für 4 km bis nach **Sisteron.**

Adventure Kids

Coole Spiele für lange Fahrten

Wort an Wort

Ein Mitspieler beginnt, indem er ein Wort nennt. Legt euch dabei auf eine Kategorie fest: Tiere, Berufe oder Orte. Wenn ihr euch auf Tiere einigt, könnt ihr zum Beispiel mit „Elefant" anfangen. Der nächste Spieler muss dann ein Tier mit dem letzten Buchstaben dieses Worts nennen, hier mit t, zum Beispiel „Tiger". Ihr könnt es noch ein bisschen schwieriger machen, indem ihr zusammengesetzte Wörter nutzt. Zum Beispiel „Bauherr" – „Herrenhaus" – „Haustür" und so weiter. Wem nichts mehr einfällt, scheidet aus.

Ich packe meinen Koffer

Der Erste startet mit dem Satz „Ich packe meinen Koffer und nehme mit ..." und nennt einen Gegenstand. Reihum fügt ihr nun immer eine weitere Sache hinzu, müsst aber immer alle anderen bisher genannten Dinge davor aufzählen. Wer sich irrt, scheidet aus. Wie viele Dinge schafft ihr, in euren Koffer zu packen?

Französische Geschichten erfinden

Erfindet gemeinsam eine Abenteuergeschichte (oder auch ganz viele)! Einer von euch denkt sich den Beginn der Geschichte aus. Der Nächste knüpft dann dort an, wo der Erste aufhört, und erzählt weiter. Solange, bis ihr zu Ende erzählt habt. So geht es los: Es war einmal ein Seefahrer, der hatte einen schwarzen Bart und ein Holzbein ...

Entdeckungsreise Provence & Côte d'Azur

Das Frankreich-Quiz

1. Kennst du die zwei Nachbarländer, die an Südfrankreich grenzen?

_____

Spanien und Italien

2. An welchem Meer befindest du dich, wenn du Urlaub in Südfrankreich machst?

_____

Mittelmeer

3. Wie heißt die Pflanze, die Frankreichs Süden in Blau und Lila färbt?

_____

Lavendel

4. Welche Vogelart in der Provence hat sehr lange Beine und ein rosa Federkleid?

_____

Flamingo

Welchen Tieren bist du im Urlaub bereits begegnet?

○ Flamingo

○ Pferd

○ Weiße Taube

○ Katze

○ Schaf

○ Grille

In der Stadt Cannes an der Côte d'Azur findet jedes Jahr ein berühmtes Filmfestival statt. Hast du auch Ideen für einen Film? Dann zeichne diese auf ein Blatt Papier und mache ein Drehbuch daraus.

Gut zu wissen

Ärztliche Versorgung & Gesundheit

In Frankreich besteht für alle gesetzlich versicherten Personen aus Deutschland und Österreich Anspruch auf Behandlung. Sie müssen zunächst für medizinische Versorgung bezahlen, bekommen Auslagen aber nach den Sätzen des Heimatlandes erstattet. Die Europäische Krankenversicherungskarte (EHIC) sollte auf die Reise mitgenommen werden, wird jedoch von manchen Ärzten (noch) nicht akzeptiert, weil die französischen Kartengeräte diese nicht lesen können. Zusätzlich empfiehlt sich der Abschluss einer privaten Auslandskrankenversicherung, die diejenigen Risiken abdeckt, die nicht von der Krankenkasse übernommen werden.

NOTFALLNUMMERN

Allgemeine Notrufnummer: 112

Notruf Feuerwehr (*pompiers*): 18

Notruf Polizei: 17

Notruf Rettungsdienst (*SAMU*): 15

Sperrnummer bei EC-/Kreditkarten- oder Handyverlust: +49 116 116, Kreditkartennummer, IBAN/BIC bzw. Handynummer bereithalten

Diplomatische Vertretungen

Das **Deutsche Konsulat** (10, place de la Joliette | Marseille) steht telefonisch bei wichtigen Anliegen mit Rat und Tat zur Seite: Tel. +33 4 91 16 75 20 | *marseille.diplo.de* | Mo–Do 8–17, Fr 8–14 Uhr. Außerhalb dieser Zeiten gibt es den Bereitschaftsdienst für Notfälle: Tel. +33 6 15 09 41 03 | Mo–Do 17–24, Fr 14–24, Sa u. So 8–24 Uhr.

Österreichisches Konsulat

58, rue Grignan | Marseille | Tel. +33 6 42 14 85 58 | *bmeia.gv.at*

Schweizer Konsulat

7, rue d'Arcole | Marseille | Tel. +33 4 96 10 14 10 | *eda.admin.ch/marseille*

Einreisebestimmungen & Zoll

Die Einreise für EU-Bürger und Schweizer ist mit einem Reisepass, einem vorläufigen Reisepass, einem Personalausweis oder Identitätskarte möglich. Kinder benötigen unabhängig vom Alter ein eigenes Reisedokument. Frankreich ist dem Schengener Abkommen beigetreten, kontrolliert aber infolge der Terrorismusdebatte und illegaler Zuwanderung stichprobenartig. Auch EU-Bürger benötigen für einen Aufenthalt über drei Monate eine Aufenthaltsgenehmigung. Innerhalb der EU dürfen Waren für den persönlichen Bedarf frei ein- und ausgeführt werden. Richtwerte hierfür sind u.a. 800 Zigaretten und 10 l Spirituosen. Für Schweizer gelten wesentlich geringere Freimengen.

Gas & Strom

In Frankreich wird wie in Deutschland 220 V Wechselstrom genutzt. Adapter für Steckdosen sind nicht notwendig. Kleine Gasflaschen und Kartuschen für den Camper (vor allem von Campingaz) gibt es in Supermärkten wie Intermarché oder bei Decathlon, größere in jedem Dorf im EPI-Laden, an Tankstellen und in Supermärkten wie Carrefour. Die großen Gasflaschen haben in Frankreich andere Abmessungen, da 6- und 13-kg-Flaschen verkauft werden, die mittels Pfandsystem vermietet werden. Zum Anschluss der Flaschen wird ein Euro-Entnahmeset mit Adapter für die französischen Gasflaschen benötigt.

Hunde

Hunden wird in Frankreich äußerst wohlwollend und freundlich begegnet, schließlich ist das Land im europäischen Vergleich weit vorne bei der Hundedichte. Für die Einreise der Vierbeiner werden ein EU-Heimtierausweis inklusive Mikrochip sowie der Nachweis einer gültigen Tollwutimpfung benötigt. Trotz Hundefreundlichkeit sind folgende Rassen verboten und von der Einreise ausgeschlossen, sofern sie kein vom FCI eingetragenes Stammbuch haben: American Staffordshire Terrier, Mastiff oder Tosa. Auch Rottweiler müssen strenge Auflagen für die Einreise erfüllen. Bei Zuwiderhandlung droht Strafe oder Einzug des Hundes.

WAS KOSTET WIE VIEL?

Tasse Kaffee ca. 2 € für einen *café crème*

Glas Wein ca. 4 €

Croissant in der Bäckerei ca. 1,10 €

Abendessen ca. 16 € für eine vegetarische Hauptspeise, Fisch oder Fleisch um 20 €

Kugel Eis ca. 1,50 €

Liter Diesel ca. 1,50 €

Maut & Vignetten

In den meisten Teilen Frankreichs ist das Befahren der Autobahn gebührenpflichtig und wird durch eine Maut *(péage)* abgegolten. Die Höhe der Mautgebühren richtet sich nicht nur nach der Größe und Art des Autos, der Entfernung und der Wahl der jeweiligen Autobahn, sondern auch nach den beim Bau entstandenen Kosten. Der Großteil der Mautstellen ist unbesetzt, und die Maut wird am Automaten bezahlt. Letztere akzeptieren zwar fast alle gängigen Kreditkarten und Bargeld (besser ein paar Münzen parathalten), aber nur äußerst selten EC-Karten. Achte beim Einfahren jedoch auf die Zeichen oberhalb der jeweiligen Schlangen – zahlreiche Franzosen nutzen das automatische Télépéage-System, welches das Fahrzeug beim Durchfahren registriert und die Bezahlung automatisch vornimmt *(telepeages.fr)*. Wer dort nicht angemeldet ist, aber fälschlicherweise in der Schlange steht, muss unter viel Gehupe rückwärts wieder rausfahren und sich neu einsortieren.

Öffnungszeiten

Die Geschäfte in den Innenstädten sind im Allgemeinen montags bis samstags von 9 bis 19 Uhr geöffnet, allerdings nehmen manche Ladenbesitzer den Montag oder Montagvormittag als Schließtag. Die großen *hypermachés* mit ihren Tankstellen und Boutiquen in den Einkaufszentren, die man bei fast allen größeren Städten am Stadtrand findet, öffnen montags bis samstags bis 21 oder sogar 22 Uhr und manche auch am Sonntagvormittag. In den Städten verkaufen zudem viele Bäckereien, Metzgereien und Lebensmittelgeschäfte auch am Sonntagvormittag ihre Waren.

Parken, Abstellen & Freistehen

In Stadtzentren werden in der Regel Parkgebühren fällig. Der Parkschein sollte sichtbar hinter der Innenscheibe liegen und die Zeit nicht überzogen werden, um Strafgebühren zu vermeiden. Blaue Markierungen am Straßenrand weisen dabei auf das begrenzte und ggf. kostenpflichtige Parken mit Parkscheiben *(zones bleues)* hin. Unterbrochene gelbe Streifen am Fahrbahnrand bedeuten Parkverbot, und durchgezogene gelbe Streifen verweisen auf Halte- und Parkverbot. Grundsätzlich ist in Frankreich das Freistehen nicht erlaubt. Auf offiziellen Parkplätzen oder am Straßenrand darf zwar geparkt, aber nicht gecampt werden – das Aufstellen

von Tischen oder Stühlen verwandelt das Parken übrigens ins Camping, was dann verboten ist.

Post

Die Postfilialen sind in Frankreich in der Regel von Montag bis Freitag 8 bis 19 und Samstag 8 bis 12 Uhr geöffnet. An Sonn- und Feiertagen bleiben sie geschlossen. In Dörfern sind die Öffnungszeiten meist kürzer. Briefmarken bekommt man auch im Tabakgeschäft (*tabac*) oder direkt beim Kauf der Postkarte. Bei Redaktionsschluss wurden für Postkarten und Briefe bis 50 g in EU-Länder 1,35 € Porto fällig.

Sicherheit & Warnhinweise

In größeren Städten und touristischen Zentren sollte man sich vor Diebstählen und Kleinkriminalität in Acht nehmen. Es ist ratsam, wenig Bargeld mitzuführen und wichtige Dokumente wie Führerschein oder Personalausweis an einem sicheren Ort aufzubewahren. Bei der Reise mit einem Camper empfiehlt es sich, einen Safe in das Wohnmobil einbauen zu lassen und die Wertsachen dort zu lagern, da besonders an Stränden, Wanderparkplätzen oder wenig frequentierten Straßen schnell eine Scheibe eingeschlagen und das Fahrzeug ausgeräumt wird. Gerüchte über Gasüberfälle auf Camper halten sich hartnäckig, lassen sich aber bis dato nicht bestätigen. Die Gefahr lässt sich jedoch durch Übernachtungen auf offiziellen Camping- oder Stellplätzen deutlich minimieren.

Tanken

In Frankreich gibt es viele unbesetzte Tankstellen, die nur über die Zapfsäule bedient werden. Dazu benötigst du eine Kreditkarte, die vor dem Tankvorgang

REISEZEIT & WETTER

Die besten Reisezeiten für die Provence und die Côte d'Azur sind das Frühjahr und der Herbst. Zwischen Anfang Juli und Ende August liegen die französischen Sommerferien, dann ist es vor allem am Meer entsprechend voll und teuer. Die Preise für die Campingplätze schießen in astronomische Höhen und sinken erst Anfang September wieder, wenn die Franzosen in ihren Alltag zurückkehren. Dann legt sich auch die drückende Sommerhitze, während die Wassertemperaturen das Baden im Mittelmeer bis in den Oktober möglich machen. Spätestens dann schließen auch die meisten Campingplätze bis zur nächsten Saison, die ab Ostern startet. Die Zeit bis Juni ist ebenfalls empfehlenswert, wenn die Provence in voller Blütenpracht steht. Wer aber zur Lavendelzeit kommen möchte, kommt im Juli.

für die Abbuchung autorisiert wird. Außerdem gibt es keine Griffklemme zum Volltanken, sodass du den Zapfhahn einfach ziemlich lange festhalten musst.

Insider-Tipp

Sparfuchs, aufgepasst!

*Viele der großen Supermärkte (hypermarchés) haben **Zapfsäulen**, bei denen du im Vergleich zu normalen Tankstellen bis zu 20 Cent pro Liter sparen kannst.*

Tempolimits & Verkehrsregeln

Innerorts gilt die Geschwindigkeitsbegrenzung von 50 km/h, außerorts sind es 80 bis 110 km/h, je nach Straße. Auf der Autobahn gilt ein Tempolimit von 130 km/h. Für Fahranfänger, die den Führerschein weniger als drei Jahre besitzen, gelten außerorts nur 80 km/h, auf Schnellstraßen 100 km/h und auf Autobahnen 110 km/h. Alle Personen im Auto müssen sich anschnallen. Das Handy am Steuer zu nutzen ist grundsätzlich verboten, es darf nur mit Freisprechanlage telefoniert werden. Im Fahrzeug müssen ein Warndreieck, eine Warnweste sowie ein Alkoholtestset mitgeführt werden. Als Alkoholgrenze gilt 0,5 Promille, bei Fahranfängern in den ersten drei Jahren 0,2 Promille. Alles, was über diese Grenze hinausgeht, wird mit Geldbußen, der Abnahme des Führerscheins oder Gefängnis bestraft. Zudem müssen Wohnmobile über 3,5 t beidseitig und am Heck mit speziellen Warnhinweisen versehen werden, um Fußgänger und Zweiradfahrer vor der Gefahr des toten Winkels zu warnen. Diese Verordnung schließt auch außerhalb Frankreichs zugelassene Fahrzeuge ein.

Waldbrände

In den trockenen und heißen Sommermonaten sind Waldbrände eine große Gefahr, was drastische Sicherheitsvorschriften zum Waldbrandschutz zur Folge hat. Von Anfang Juli bis Mitte September ist der Zugang zu gefährdeten Gebieten stark eingeschränkt, dazu gehören auch Wanderwege und Straßen. Die Hauptwege dürfen dann nur morgens zwischen 6 und 11 Uhr benutzt werden, bei starkem Wind und extremer Trockenheit wird die Zufahrt ganz von der Feuerwehr, den *pompiers*, gesperrt. Informationen dazu gibt es in den ansässigen *offices de tourisme*.

Wildcampen, Naturschutz & Entsorgungsstellen

Wildcampen ist in Frankreich generell verboten und wird teilweise mit hohen Geldstrafen geahndet. Häufig ist das Befahren von schönen Plätzen, etwa direkt am Meer, für größere Campingbusse oder Wohnmobile gar nicht erst möglich, da mit Höhenbegrenzungen von maximal 2 m vorgesorgt wurde. Zusätzlich wird – besonders in den Sommermonaten – auch gerne kontrolliert, wobei die französischen Beamten des Ordnungsamts meist wenig Spaß verstehen. Außerhalb der Saison werden manchmal beide Augen zugedrückt, dennoch ist es empfehlenswert, es lieber gar nicht erst darauf ankommen zu lassen. Alternativ gibt es offizielle Parkplätze zum Freistehen für Wohnmobile, welche im „Guide officiel des aires de services camping-cars" veröffentlicht werden und mit Entsorgungsstationen sowie Strom- und Wasseranschlüsse ausgestattet sind. Auf manchen Stellplätzen darf man kostenlos stehen, während andere eine kleine Gebühr erheben.

Wohnmobilvermietung

Es gibt ein großes Angebot an Wohnmobilvermietungen. Dazu zählen etwa PaulCamper, Indie Campers, Van-Away, Wiki-Campers und Yescapa.

SCHÜTZENSWERT

Auch wenn die Lavendelfelder locken: die lila Pracht besser nur von außen bestaunen.

Feste & Events

GELB GEHT RUND

Bei der Fête du Citron in Menton dreht sich alles um die saure Zitrusfrucht.

Februar

Fête du Citron (Menton): Hier dreht sich alles um die Zitrone! Zwischen Mitte Februar und Anfang März ziehen die Paraden aus gigantischen Figuren aus Orangen und Zitronen durch die Stadt – bis zu 180 Tonnen Zitrusfrüchte werden dafür verwendet und hinterher zu Konfitüre verarbeitet!

Carneval de Nice (Nizza): Seit dem 13. Jh. hält der Karneval von Nizza die Stadt fest im Griff. Zwei Wochen lang ziehen Paraden und Korsos bis zum Fastnachtsdienstag über die Place Masséna, um am Ende „König Karneval" am Strand einzuäschern.

April

Feria de Pâques (Arles): Ostern ist Auftakt der Stierkampfsaison in der Arena. Dann geht's in den Bodegas der Stierkampfklubs bis in die frühen Morgen hoch her, und die Stadt quillt über von *aficionados* (Stierkampfliebhabern).

Mai

Internationales Filmfestival (Cannes): Glitzer und Glamour auf dem roten Teppich von Cannes, wenn bei einem der wichtigsten Filmfestivals der Welt zwischen Mitte und Ende Mai die „Goldene Palme" für den besten Film vergeben wird. *festival-cannes.com*

Große Marienwallfahrt (Saintes-Maries-de-la-Mer): Tausende von Pilgern strömen am 24. und 25. Mai in das Camargue-Städtchen, um anlässlich der Fête des Gitans die Statue der Schwarzen Sara, der Schutzpatronin der Sinti und Roma, zu ehren und in einer Prozession bis ins Meer zu tragen.

Juli

Festival d'Avignon & Festival Off: Avignon platzt aus allen Nähten, wenn das berühmte Theaterfestival und sein kleiner Bruder, das OFF, die Stadt in eine einzige Bühne verwandeln. Dann sprudelt das Leben auf den Terrassen und Cafés, überall wird getanzt und geschauspielert, Veranstaltungen von früh bis spät. *festival-avignon.com | festivaloffavignon.com*

Rencontres Internationales de la Photographie (Arles): Arles ist nicht nur Folklore, sondern auch Fotografie! In der ganzen Stadt finden Anfang Juli etliche Events und Workshops rund ums Thema Fotografie, Kunst und Kultur statt. Viele Ausstellungen in historischen Gebäuden bleiben sogar bis in den September geöffnet. *rencontres-arles.com*

August/September

Les Chorégies (Orange): Zwischen Ende Juli und Anfang August erwacht das antike Theater in Orange zu neuem Leben. Dann sind die Ränge des Amphitheaters bis auf den letzten Platz besetzt mit Opern-Fans aus aller Welt, die bei fantastischer Akustik der Livemusik lauschen. *choregies.fr*

Insider-Tipp

Schenk' ein den Wein! Am 1. Septemberwochenende eröffnen die Winzergenossenschaften der Côtes du Rhône in **Avignon** die Weinlese und laden zur Verkostung.

Oktober

Fiesta des Suds (Marseille): Beim internationalen Musikfestival wird drei Tage lang die kulturelle Vielfalt Marseilles gefeiert, wenn bei Rock, Pop, Folk, Weltmusik, Afro und Reggae in den Docks am alten Hafen zu freshen Beats getanzt wird. *fiestadessuds.com*

FEIERTAGE

1. Jan. *Jour de l'An* (Neujahr)

Karfreitag *Vendredi Saint*

Ostermontag *Lundi de Pâques*

1. Mai *Fête du travail* (Tag der Arbeit)

8. Mai *Fête de la Victoire* (Tag des Waffenstillstandes 1945)

Christi Himmelfahrt *Ascension*

Pfingstmontag *Lundi de Pentecôte*

14. Juli *Fête Nationale de la France* (Nationalfeiertag)

15. Aug. *Assomption* (Maria Himmelfahrt)

11. Nov. *Armistice* (Tag des Waffenstillstandes 1918)

25. Dez. *Noël* (1. Weihnachtsfeiertag)

Camper-Packliste

CAMPINGAUSRÜSTUNG

- ○ Gasflasche (und ev. Gasinhaltsmesser)
- ○ Frischwasserkanister
- ○ Abwasserschlauch
- ○ Kabeltrommel
- ○ Campingstromadapter
- ○ Auffahrkeile oder Holzbretter als Stütze
- ○ Sanitärflüssigkeit für Campingtoilette (falls vorhanden)
- ○ Toilettenpapier
- ○ Campingstühle und -tisch
- ○ Markise und Vorzelt

- ○ Heringe und Gummihammer
- ○ Handfeger und Schaufel
- ○ Decke und Kopfkissen, alternativ Schlafsack
- ○ Wäscheleine und -klammern
- ○ Campingleuchte oder Laterne
- ○ Taschenlampe oder Stirnlampe
- ○ Taschenmesser
- ○ Duct-Tape
- ○ Handwaschmittel
- ○ Mückenspray, Sonnencreme

- ○ Nagelset (inkl. Pinzette)

Zusätzlich

- ○ MARCO POLO Straßenkarte(n)
- ○ Grill (Koffergrill oder Gasgrill)
- ○ Hängematte
- ○ Decke
- ○ Kartenspiele
- ○ Mehrfachsteckdose
- ○ USB-Adapter für Zigarettenanzünder
- ○ Powerbank

SICHERHEITSAUSRÜSTUNG

- ○ Reiseapotheke
- ○ Verbandskasten (Ablaufdatum beachten)
- ○ Warndreieck und -weste (1 pro Person)
- ○ Feuerlöscher

- ○ Ersatzreifen
- ○ Wagenheber und Radkreuz
- ○ Ersatzkanister und Einfüllstutzen
- ○ Motoröl
- ○ Starthilfekabel

- ○ Abschleppseil
- ○ Werkzeugkasten
- ○ evtl. Ersatzglühbirnen und -sicherungen

CAMPINGKÜCHE

- ○ Küchenutensilien
- ○ Kühlbox (wenn kein Kühlschrank eingebaut)
- ○ Töpfe, Pfannen
- ○ Besteck inkl. Kochlöffel, Teller, Tassen, Gläser
- ○ (Brot-, Schneide-) Messer

- ○ Tupperdosen (für Reste)
- ○ Sieb
- ○ Reibe
- ○ Dosenöffner
- ○ Flaschenöffner, Weinöffner
- ○ Alufolie
- ○ Schere

- ○ Geschirrtücher, Spülmittel, Lappen, Küchenrolle
- ○ Topflappen
- ○ Müllbeutel
- ○ Kaffeekocher
- ○ Feuerzeug, Streichhölzer

NAHRUNGSVORRAT

- ○ Salz & Pfeffer, Gewürze (z. B. in kleinen Gläsern)
- ○ Öl, Essig
- ○ Kaffee, Tee
- ○ Müsli, Cornflakes

- ○ Brot, Aufstriche
- ○ Vorratslebensmittel (Nudeln, Reis, Linsen)
- ○ Gemüsekonserven: Tomaten, Mais, Kidneybohnen

- ○ Notration Essen (z. B. Dosenravioli)
- ○ Getränke

Fahrzeug-checkliste

Experten-Check von
PaulCamper

LÄNGERFRISTIG

○ Gasprüfung gültig?

○ Grüne Versicherungskarte gültig?

○ HU/AU (Haupt- und Abgasuntersuchung) gültig?

○ Auflaufbremse geprüft (Fachwerkstatt)

MITTEL- & KURZFRISTIG

○ Was tanken (Benzin/ Diesel)?

○ Beladungsgrenze/ -zustand?

○ Welche Reifen für die Destination nötig?

○ Winter- bzw. Sommerreifen montiert?

○ 12-V-Kabel vorhanden?

○ Profiltiefe der Reifen gecheckt?

○ Ölstand gecheckt?

○ Kühlmittelstand gecheckt?

○ Reifendruck gecheckt?

○ Öl, Kühlwasser und AUS 32/AdBlue bei Dieselmotor zum Nachfüllen vorhanden?

○ Ladezustand Starterbatterie und Wohnraumbatterie gecheckt?

○ Toilette an Bord und entleert?

○ Wassertank vorhanden und gefüllt?

○ Wasserpumpe funktioniert?

○ Gasvorrat vorhanden?

○ Markise/Sonnensegel/ Regenalternative vorhanden?

○ Vorzelt nötig?

○ Wohnwagen: Elektrostecker funktionieren (Bremslichter und Co)?

VOR DER ABFAHRT

○ Dachluke geschlossen?

○ Fenster zu?

○ (Stand-)Heizung aus?

○ Markise eingefahren und gesichert?

○ Kühlschrank verriegelt und auf 12 V umgestellt?

○ Alles vom Tisch geräumt und gesichert?

○ Schubladen/Schränke sicher geschlossen?

○ Tische und Stühle sicher verstaut?

○ Herdabdeckung zu?

○ Gasventil geschlossen?

○ 230-V-Kabel getrennt und eingepackt?

○ Wasserpumpe abgeschaltet?

○ Abwassertank geschlossen?

○ Trittstufe eingefahren?

○ Stützen eingefahren und Keile verstaut?

○ Wassertankdeckel verschlossen?

○ Handbremse gelöst?

○ Heckgarage abgeschlossen?

○ Alle Mitfahrer inklusive Hund an Bord?

Dann kann's losgehen!

189

Camper-Wörterbuch Französisch

Höflich sein

Hallo / Tschüss   Bonjour / Au revoir
Danke / Bitte   Merci / S'il vous plaît
Entschuldigung   Excusez-moi!
ja / nein   oui / non
Wie heißt du / Wie heißen Sie?   Quel est ton nom? / Quel est votre nom?
Mein Name ist …   Je m'appelle …
Wie geht es dir / Ihnen?   Comment vas-tu / allez-vous ?

Beim Einkaufen

Bäckerei   boulangerie
Bank   banque
bar / Kreditkarte   espèces / carte de crédit
Einkaufszentrum   centre commercial
Markt   marché
Metzgerei   boucherie
Supermarkt   supermarché
Ich möchte … / Ich suche …   Je voudrais … / Je cherche …
Wie viel kostet das?   Combien cela coûte-t-il?

Einkaufsliste

Alufolie   feuille d'aluminium
Bier / Wein   bière / vin
Brot / Brötchen   pain / petit pain
Butter / Margarine   beurre / margarine
Essig / Öl   vinaigre / huile
Eier   œufs
Fisch   viande
Fleisch   poisson
Gemüse / Obst   légumes / fruits
Käse / Wurst   fromage / saucisse
Kaffee / Kakao / Tee   café / cacao / thé
Marmelade / Honig   confiture / miel
Milch / Sahne   lait / crème
Müsli   muesli
Nudeln / Spaghetti   pâtes / spaghetti
Salz / Pfeffer / Zucker   sel / poivre / sucre
Toilettenpapier   papier hygiénique
Wasser (Trinkwasser)   eau potable
Ich bin Vegetarier(in) / Veganer(in) / allergisch gegen …
Je suis végétarien / végétalien / allergique à …

Gesund bleiben

Apotheke / Arzt   pharmacie / médecin
Desinfizieren   désinfecter
Desinfektionsmittel   désinfectant
Durchfall   diarrhée
Fieber   fièvre
Halsschmerzen   mal de gorge
Kopfschmerzen   maux de tête
Krankenhaus   hôpital
Krankenwagen   ambulance
Krankenversicherung   assurance maladie
Pflaster   plâtre
Schmerztabletten   antidouleurs

Unterwegs

Abschleppen   remorquage
Autobatterie   batterie de voiture
Autobahn   autoroute
Baustelle   chantier de construction
Benzin (bleifrei) / Diesel   essence (sans plomb) / diésel
Bremslicht   deu stop
Ersatzreifen   roue de secours
Führerschein   permis de conduire
Getriebe   boîte de vitesses
Luftdruck   pression atmosphérique
Maut   péage
Öl   huile
Ölwechsel   vidange
Panne / Werkstatt   dépannage / atelier
Parkplatz   parking
Reifen   pneus
Reifenschaden   dommage des pneus
Sackgasse   fausse piste
Schotterstraße   route en gravier
Starthilfekabel   câbles de démarrage
Strafzettel   contravention
Tankanzeige   jauge
Tankstelle   station-service
Temperaturanzeige   affichage de température
Umleitung   déviation
Wagenheber   cric
Warndreieck   triangle de signalisation
Wassertank   réservoir d'eau
Werkzeug   outils
Zoll   douane

Auf dem Campingplatz

Abfall / Müll   déchets / ordures
Ab-/Schmutzwasser   eaux usées
Ankunft / Abreise   arrivée / départ
Brennspiritus   alcool méthylique
Campingplatz   site de camping

Dosenöffner   ouvre-boîtes
Dusche   douche
Elektroanschluss   raccordement électrique
Flaschenöffner   ouvre-bouteille
Frischwasser   eau douce
Gabel / Messer / Löffel   fourchette / couteau / cuillère
Gasflasche / Gaskocher   bouteille à gaz / cuisinière à gaz
Geschirrspülbecken   évier pour lave-vaisselle
Grillen / Grillkohle   barbecue / charbon de bois
Hammer   marteau
Hering   hareng
Hunde erlaubt / nicht erlaubt   chiens autorisés / non autorisés
Internet / WLAN   internet / WiFi
Korkenzieher   tire-bouchon
Lagerfeuer   feu de camp
Leihen   emprunter
Pool   piscine
Rechnung   facture
Rezeption   réception
Schlafsack   sac de couchage
Sonnencreme   crème solaire
Steckdose   prise de courant
Streichhölzer   allumettes
Stromanschluss   connexion électrique
Taschenlampe   torche
Taschenmesser   canif
Toilette   toilette
Wäscheklammer   pince à linge
Wasser (kalt/warm/heiß)   eau (froide/tiède/chaude)
Wasseranschluss   prise d'eau
Wohnmobil   camping-car
Wohnwagen   caravane
Zelt / Vorzelt   tente / auvent
Zeltstange   mât de tente

Urlaubsfeeling

Playlist

▶ **DJ Antoine – Welcome to St. Tropez**
Zum schamlosen Abdancen im Lieblingsort der Schönen und Reichen.

▶ **IAM – Je danse le Mia**
Ein humorvoller Song über die Eigenheiten der Menschen aus Marseille – von der berühmtesten Rap-Band der Stadt.

▶ **Voyage voyage – Desireless**
Einfach immer noch der perfekte Song zum Mitschmettern bei Roadtrips durch Südfrankreich.

▶ **Charles Trenet – La Mer**
Weltberühmter Chanson-Klassiker und eine Ode ans azurblaue Meer der Provence.

▶ **Massilia Sound System – Toujours (et toujours)**
Tanzbarer Mix aus Reggae und Rub-a-Dub auf Französisch und Provenzalisch.

> Den Soundtrack zum Urlaub gibt's auf **Spotify** unter **MARCO POLO France**

Code mit Spotify-App scannen

Lesestoff & Filmfutter

Gebrauchsanweisung Südfrankreich – Mit viel Humor gibt Birgit Vanderbeke in ihrem Band (2011) nützliche und witzige Einblicke in das Leben in Südfrankreich.

Die Marseille-Trilogie – Fabio Montale ist Polizist aus Marseille mit Hang für gutes Essen und Herz für die Bewohner der Hafenstadt. Jean-Claude Izzos (1945–2000) Krimitrilogie aus den Neunzigern ist eine Liebeserklärung an die Stadt, die wie keine andere ein Schmelztiegel der Nationen ist und trotz Gewalt ihr mediterranes Flair nicht verliert.

Ein gutes Jahr – In dem Wohlfühlfilm (2006) erbt der skrupellose Banker Max Skinner ein Weingut in der Provence und möchte es schnell zu Geld machen. Kaum vor Ort, lässt er sich von Land und Leuten verzaubern. Angelehnt an Peter Mayles Roman, fängt Ridley Scott die Farben und Stimmung des Luberon ein.

Ein Sommer in der Provence – In der berührenden Familiengeschichte von Rose Bosch (2014) prallen die Generationen mit dem launigen Opa Jean Reno und seinen Enkelkindern vor der traumhaft schönen Alpillen-Landschaft aufeinander.

Apps, Blogs, Websites & Videos

Côte d'Azur unlimited
Auf dem Blog von Katrin berichtet sie dir von den schönsten Ecken der Côte d'Azur wie ein guter Freund. Neben Top 10-Tipps für Cannes, Nizza und Co. gibt's Interviews mit Insider-Infos von Locals noch dazu.

Park4Night
Ob du einen Campingplatz, Stellplatz im Freien oder einen Parkplatz für die Stadterkundung suchst – bei dieser App wirst du fündig. Dank steigendem Vanlife-Hype gibt's Bewertungen, Tipps und Fotos von Usern aus ganz Europa. Die nützlichste Camping-App für Reisen im Ausland!

Visorando
Die App für alle Wanderfreunde (auf Französisch): Hier findest du detaillierte Wanderrouten mit Beschreibung und GPS-Punkten zum Nachwandern.

Provence Nature
In dieser App kann man die Artenvielfalt und Naturlandschaften von der Camargue bis in die Calanques entdecken – Wanderwege, Nationalparks, Fahrradstrecken oder Tipps für Ausflüge wie Eselreiten inklusive.

La Fourchette
Die App für alle Foodies (auf Französisch und Englisch)! Hier kannst du neue Restaurants entdecken, Bewertungen lesen und deine Essens-Pics mit anderen teilen. Das Beste jedoch: Du kannst hier ohne Sprachbarriere reservieren und aktuelle Rabatte einlösen!

WEGTRÄUMEN?

Mit Playlist, Lesestoff und Filmen den Urlaub aufleben lassen.

Notizen

Notizen

Register

Register

Stell- & Campingplätze

Impressum

Titelbild: Camper auf Landstraße in Frankreich (mauritius images/Alamy: R. Babakin)

Fotos: C. Hofmeister (6, 15, 27, 38, 40, 44, 46, 57, 62, 64, 72, 84, 86, 88, 90, 94, 96, 98, 114, 118, 122, 130, 133, 136, 156, 160, 181); iStock.com: anyaberkut (170/171), apomares (187), Bee-individual (188), Koldunov (193); M. Kruse (12, 42, 58, 70, 79, 80, 100, 112, 117, 120, 138, 142, 144, 155, 159, 162, 164, 168, 199); Laif/Hémis: F. Guiziou (31); Laif/Le Figaro Magazine: S. Fautre (66); Laif/REA: I. Hanning (17); mauritius images: M. Kneen (146), O. Steinbicker (83); mauritius images/Alamy: M. Corel (166), Ivoha (124); mauritius images/Alamy/Zoonar: E. Pogrzeba (54); mauritius images/CuboImages: R. Lombardo (11); mauritius images/Masterfile: R. I. Lloyd (60); mauritius images/Pitopia: andrzej (127); mauritius images/Prisma: R. vander Meer (151); mauritius/Alamy/Photononstop: D. Schneider (28); picture alliance/Westend61: skabarcat (140); Shutterstock.com: andreyspb21 (106), L. Andronov (183), bellena (105), G. Bruev (18/19), DisobeyArt (4/5), DPselvaggi (48), Garsya (109), K. Juhasz (68), MagSpace (32), MarinaD_37 (110), D. Miles (8), photosmatic (134), Pippi-Longstocking (74), proslgn (Klappe vorne innen), L. Puccini (92), Risen20019 (Klappe hinten innen), G. Roethlinger (53), M. Savenko (34), R. Semik (36), R. E. Staerk (22), Travel-Fr (184), R. P. van Beets (152), M. Workman (16)

1. Auflage 2022
© MAIRDUMONT GmbH & Co. KG, Ostfildern

Autorin: Carina Hofmeister
Lektorat & Bildredaktion: Sebastian Schaffmeister
Kartografie: © MAIRDUMONT, Ostfildern, unter Verwendung von Kartendaten von OpenStreetMap, Lizenz CC-BY-SA 2.0
Gestaltung Umschlag & Layout: Sofarobotnik, Augsburg & München
Übersetzung Camper-Wörterbuch: Baltic Media

Printed in Italy

Lob oder Kritik? Wir freuen uns auf deine Nachricht!

Trotz gründlicher Recherche schleichen sich manchmal Fehler ein. Wir hoffen, du hast Verständnis, dass der Verlag dafür keine Haftung übernehmen kann. Wir freuen uns aber, wenn du uns schreibst: MARCO POLO Redaktion • MAIRDUMONT • Postfach 31 51 • 73751 Ostfildern • info@marcopolo.de

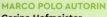

MARCO POLO AUTORIN
Carina Hofmeister
Im hohen Norden aufgewachsen und mittlerweile in Berlin zu Hause, wurde die Autorin schon früh vom Reisefieber befallen. Dies hat sie bereits in die entlegensten Ecken der Welt geführt, doch wenn sie gerade nicht durch den Dschungel Asiens oder den Busch Afrikas wandert, bleibt sie ihrer liebsten Reiseform, dem Campen, treu. Dann geht es mit dem froschgrünen VW-Bulli Kermit quer durch Europa und vor allem nach Frankreich und in den sonnenverwöhnten Süden der Provence.

Bloß nicht ...

 Sich im Restaurant einfach hinsetzen

In Frankreich wird man im Restaurant platziert: Man wartet artig am Eingang, wird begrüßt und zu einem freien Tisch geleitet. Gefällt dieser nicht, kann man höflich fragen, ob noch ein anderer frei ist – sollte aber lieber nicht diskutieren, wenn die Antwort nein lautet.

 In der Badehose durch die Stadt spazieren

Während Badekleidung oder Sonnenbaden oben ohne am Strand kein Problem sind, solltest du im stilbewussten Frankreich so nicht durch die Städte wandern. Besser also noch schnell umziehen oder ein leichtes Kleidungsstück überwerfen!

 Zu schnell fahren

Auch wenn man den Eindruck gewinnt, dass die Franzosen Verkehrsregeln nicht so ernst nehmen, sollte man Geschwindigkeitsbegrenzungen beherzigen. Denn die Gendarmerie steht oft am Straßenrand und kassiert bei Verstößen jeglicher Art eine beträchtliche Summe – auch von Touristen.

 SORGLOS MIT FEUER UMGEHEN

Tausende Hektar Landschaft gehen jeden Sommer in Flammen auf, weil unvorsichtige oder gedankenlose Besucher Zigarettenkippen aus dem Auto schnippen oder Lagerfeuer im Wald entfachen. Besonders im Hochsommer solltest du extrem sorgsam mit Feuer umgehen und dich streng an die Verbote und Sperrungen von (Wander-)Gebieten halten, denn die immer trockener werdende Landschaft der Garrigue fängt rasend schnell Feuer.

 Fremdsprachen-Kenntnisse erwarten

Folgende Faustregel gilt: Je dörflicher die Umgebung, desto weniger darfst du Englisch- oder gar Deutsch-Kenntnisse erwarten. Übrigens nicht wie fälschlich angenommen aus Arroganz, sondern weil viele Franzosen einfach unsicher in der Sprache sind (der Fremdsprachenunterricht in Frankreichs Schulen ist stark theorielastig). Ein paar höfliche Floskeln erleichtern da die Kommunikation im Urlaub: Ein vorangestelltes *Excusez-moi* oder *S'il vous plaît* und am Ende ein freundliches *Merci Monsieur/Madame* sind bereits wahre Eisbrecher.